Liebe Glücks-Globetrotter,

willkommen in Bayreuth! Meine Stadt liegt mitten in der Genussregion Oberfranken. Und das ist etwas Besonderes: Denn bei uns gibt es die meisten Brauereien, Bäckereien und Metzgereien der Welt. Der Oberfranke ist ein Genussmensch, der seine Lust am Leben gerne mit anderen teilt. Dafür gibt es viele Glücksorte, an denen er sich mit Freunden unter der schönsten Kastanie Bayreuths zu einem frisch gezapften Bier trifft oder in einer Wirtschaft ein knuspriges Schäufele isst. Genauso reizvoll wie unser kulinarisches Erbe ist der kulturelle Genuss, von dem es eine solche Fülle in unserer Stadt gibt, dass ich mich kaum entscheiden konnte, mit welchem Ort ich beginnen sollte. Was nehme ich von Markgräfin Wilhelmines künstlerischem Schaffen: Parks, Schlösser oder das Opernhaus? Natürlich dürfen der große Komponist Richard Wagner und der Schriftsteller Jean Paul nicht fehlen. Aber auch modernes Theater und coole Jazzabende brauchen ihre Bühne. Also bekamen auch sie ihren Platz in diesem Buch. Immer wieder habe ich mich gefragt: „Was gibt es denn nicht in Bayreuth?", so reich ist die Stadt an kleinen und großen Besonderheiten. Mein Ziel, den Glücks-Globetrotter zu überzeugen, habe ich erreicht, wenn Nietzsches Zitat zutrifft: „… irgendwann einmal sitzen wir alle in Bayreuth zusammen und begreifen gar nicht mehr, wie man es anderswo aushalten konnte."
Ich freue mich auf Sie.

Ihre Christine Ponnath

Deine Glücksorte ...

... noch mehr Glück für dich

Bayreuther Rokokoträume

1 *Die Schlossterrassen*

Hier sitzt sie, unsere Markgräfin Friederike Sophie Wilhelmine von Preußen, die Tochter des „Soldatenkönigs" Friedrich Wilhelm I., inmitten von Buchsbaumhecken, Blumenrabatten und Bänkchen. Voller Anmut, Würde und Schönheit strahlt sie über die Schlossterrassen. Es scheint, als träume, ja sinniere sie, selbstvergessen, voller Ideen. Fast könnte man meinen, sie schmiede Pläne für ein drittes Schloss in der Stadt, eine neue unterhaltsame Oper, oder sie philosophiere in Gedanken mit Voltaire, entwürfe schon den nächsten Brief an ihn.

Es lohnt sich, die Dame in Bronze näher zu betrachten. Den Kopf entspannt auf die linke Hand gestützt, blickt sie hinab zum La-Spezia-Platz, hält in der rechten, locker aufgeschlagen, ein Buch, hinter dem ihr Hündchen Folichon hervorschaut. Sie vergötterte ihren Zwergspaniel und schrieb in seinem Namen Liebesbriefe an die Hündin ihres Bruders Friedrich II. Diese Korrespondenz ging als „Hundebriefe" in die Geschichte ein. Folgt man dem Faltenwurf ihres traumhaft geschnittenen Kleides, entdeckt man, entblößt bis zum Knie, einen nackten Fuß, der graziös auf einem Schemel ruht. Es ist keine Übertreibung, wenn man behauptet, dass unsere Markgräfin die schönste Sandale trägt, die je ein Schuster angefertigt hat. Fein geschnürt mit floralem Design, schmiegt sich der Schuh an ihre Wade. Ein Anblick, von dem sich viele, die sie besuchen, nur schwer trennen können. Das Ambiente, das sie umgibt, rundet ihre vornehme und elegante Erscheinung ab. Hinter ihr erstreckt sich das Ensemble von Gontard-Haus, Palais d'Adhémar, prachtvollen Gebäuden und dem Schlossturm. Eine würdige Kulisse für die Markgräfin.

Wenn man im Trubel der Stadt neben ihr Platz nimmt, schwebt man ein wenig über dem Geschehen, hört die Busse und Mopeds, die über das Kopfsteinpflaster rumpeln, sieht die Menschen, die geduldig in der Schlange vor der Eisdiele warten und spürt, wie Wilhelmine unsere Stadt vor nicht ganz 300 Jahren verzaubert hat. Von diesem Zauber ist viel geblieben.

· ·

◐ **Schlossterrassen, Opernstraße 9, 95444 Bayreuth**
◐ **ÖPNV: Bus 302, 304, 307, 314, Haltestelle Opernhaus**

 8

Shoppen und Gutes tun

② Lemon tree

Auf die Frage, wer sich den Namen „Lemon tree" für den sympathischen Laden ausgedacht hat, der außer nachhaltiger Kleidung auch Taschen, Schuhe und andere Accessoires anbietet, verweist die Besitzerin Silke Nöchel lachend auf ihre Tochter Julia. Sie hatte den Einfall. Wichtig war ihr nur, dass etwas mit „Baum" dabei ist.

Seit vier Jahren führen die beiden Frauen, unterstützt durch den Ehemann, der für das Handwerkliche zuständig ist, den veganen Laden in der Fußgängerzone von Bayreuth. Der Schritt, in die Selbstständigkeit zu gehen, war eine bewusste und konsequente Entscheidung. Frau Nöchel steht voll hinter ihrem Konzept: hin zu einer alternativen und gesunden Lebensweise. Sie selbst begann mit der Umstellung bei Lebensmitteln, dann kamen Kosmetik und Kleidung hinzu. So zieht sie weiter ihre Kreise, will Menschen neugierig machen, Anstöße geben, Kontakte herstellen. Nachhaltigkeit sollte jeden erreichen, sie darf Spaß machen, und sie erfordert Kreativität. Ob Gürtel aus Papier oder Ananasblättern, Holzzahnbürsten, Schuhe aus recyceltem Plastik oder Kleidung aus Hanf,

TIPP Als Tierfreund kann man Frau Nöchels „Frei Schnauze-Hunderettung e. V." unterstützen.

Leinen und Modal, Silke Nöchel freut sich über jedes gute Produkt, das sie ihren Kunden anbieten kann.

Sieht man sich in ihrem Laden um, kommt man aus dem Staunen nicht mehr heraus, denn auch bei der Innenausstattung wurde nachhaltig und fantasievoll gearbeitet. Die Kleiderstangen sind Wasserrohre, die Ablagen naturbelassene Holzbretter und der Clou: Die Verkaufstheke besteht aus zwei alten quer gestellten Türen, die ums Eck gebaut wurden. Die nächste Überraschung erleben die Kunden, wenn sie in die Umkleidekabine wollen. Dort finden sie eine metallene Toilettentür in kräftigem Rot, ausgebaut aus der aufgelösten Diskothek von gegenüber. Nach dem Anprobieren kann man sich mit einem Edding verewigen. „Bei euch macht's so viel Spaß einzukaufen", strahlt eine Bayreutherin und steht damit stellvertretend für viele Kunden des „Lemon tree", die den Laden in ihr Herz geschlossen haben.

Lemon tree, Sophienstraße 27, 95444 Bayreuth, Tel. (09 21) 53 04 75 55
www.facebook.com/lemontreeBT/
ÖPNV: ZOH

Naturbaden

3 Der Rot-Main-Auen-Weg

Ob früh am Morgen, wenn die Nebel noch tief in den Auen liegen, ob in der warmen Mittagssonne oder am Abend hinein in den Sonnenuntergang, die Mainauen sind immer einen Ausflug wert. Landschaftlich besonders idyllisch ist die Teilstrecke auf dem insgesamt 21,5 Kilometer langen Weg von Bayreuth nach Neudrossenfeld direkt hinter dem Nordring bis nach Heinersreuth. Kaum hat der Rote Main die Stadt verlassen, mäandert er auch schon gemütlich durch eine Kulturlandschaft wie aus dem Bilderbuch. Der Wanderer streift durch bunt blühende Wiesen, freut sich an hüfthohen Gräsern, die im Wind tanzen und über sanfte Hügel bis hin zum Waldrand wachsen. Mit jedem Schritt werden einem das Herz und die Beine leichter, mit jedem Blick freut man sich mehr über die Schönheit und Kraft der Natur. Immer wieder begegnet man glücklichen Hundebesitzern mit ihren Tieren, die sich gegenseitig neugierig beschnüffeln, sieht in der Ferne eine Pferdeherde umhertollen oder schließt einfach die Augen, um besser riechen und hören zu können. Wildkräuterduft, die Süße verschiedener Blumen, gemischt mit den harzigen Gerüchen von Waldbäumen, dazwischen der Ruf des Kuckucks – das ist echtes Glück.

TIPP *Wenn die Auwiesen überschwemmt sind, Gummistiefel anziehen und hindurchwaten. Ein Naturerlebnis!*

Wer sich mit einer Brotzeit versorgt hat, kann zwischen uralten Weiden, die das Flussufer säumen, eine Pause einlegen. Diese Bäume sind so gewaltig, dass sie das Erscheinungsbild der Auen prägen.

Aber auch für Kulturinteressierte gibt es etwas zu erleben. In Heinersreuth ist eine von insgesamt acht historischen Mühlen, die auf der Gesamtstrecke liegen, zu sehen: die Masel-Mühle. Bereits 1398 urkundlich erwähnt, ist sie seit 1709 im Besitz der Familie Masel und versorgte ab 1920 das ganze Dorf mit Strom. Heute ist es ein schmuck renoviertes Wohnhaus aus hellem Sandstein mit türkisfarbenen Fensterläden, das so einladend wirkt, als wolle es den Besucher bitten, hier Platz zu nehmen. Es hat noch ein eigenes Wehr und erzeugt seinen Strom bis heute selbst. Mitten im Garten kann man einen alten Mühlstein bewundern.

Der Rot-Main-Auen-Weg, Sportring-Sportplätze am Nordring, Nordring 10, 95445 Bayreuth
www.rotmainauenweg.de
ÖPNV: Bus 309, Haltestelle Nordring

Eine Welt in Gold

4 *Das Urwelt-Museum*

Gold, Spiegel, Licht und man selbst inmitten von Unendlichkeit, Ästhetik und fesselnder Schönheit. Es klingt unglaublich, aber dieses Erlebnis kann man in Bayreuth im Urwelt-Museum haben, in dem nicht nur die Naturgeschichte Oberfrankens spannend aufbereitet wird. Doch bevor der Besucher zu diesem Glücksort gelangt, darf er sich vor dem Museum von einem sechs Meter hohen Dinosaurier, heiß geliebt von Bayreuthern und Touristen, begrüßen lassen. Hier wurden schon Fotosessions mit Japanern, genauso wie mit Studenten oder Familienvätern samt Nachwuchs veranstaltet.

Auf Dinospuren gelangt man in die Innenräume des Museums. Wir dürfen uns nicht von schwebenden Skeletten, Höhlenbären oder -tigern ablenken lassen, denn unser Ziel liegt im zweiten Stock: ein drei mal drei Meter großes, begehbares Modell eines Goldkristalls! Aufgereiht auf einer Holzbank stehen Filzpantoffeln, die der Besucher überstreifen muss, bevor er die mit Goldfolie verkleidete Tür öffnet. Will man dieses Wunder intensiv erleben, sollte man den Kristallwürfel alleine betreten. Schon

TIPP **Für Kinder unbedingt sehenswert sind die Dinos im Garten und der Drachenkeller.**

der erste Eindruck ist überwältigend: Alle Wände sowie der Boden und die Decke sind verspiegelt. Ganz gleich, wohin man schaut, geht der Blick immer ins Unendliche. Goldene Kugeln, die die Goldatome darstellen, schwarze Stangen, die die Bindungskräfte symbolisieren, und Lämpchen werden von jeder Seite auf die andere Seite und immer so weiter in langen Reihen abgebildet. Es ist still, man sieht sich selbst, eingebettet in die Unendlichkeit, und kann sich nicht entscheiden, ob man sich in der Weite des Weltalls befindet oder in den Sternenhimmel schaut. Manche fühlen sich wie die Königin der Nacht, andere wie Piloten eines Raumschiffes. In jedem Fall ist es ein außergewöhnliches Gefühl, das man ausschließlich in dieser fantastischen Innenwelt erleben kann.

Kinder hört man rufen: „Ich will noch mal rein!", und schwupps, ziehen sie sich die Pantoffeln über, um sich erneut in das Mysterium der Unendlichkeit zu versetzen.

⦿ Urwelt-Museum, Kanzleistraße 1, 95444 Bayreuth, Tel. (09 21) 51 12 11
www.urwelt-museum.de
⦿ ÖPNV: Bus 314, Haltestelle Sternplatz

Ahoi, Matrose, ahoi!

5 *Heimathafen*

Wenn es in Bayreuth einen Ort gibt, an dem man dem Begriff „chillen" gerecht wird, dann ist es die Bar, das Café, die Kneipe Heimathafen. In der Kanzleistraße, einer Abzweigung der Fußgängerzone, hat Nadine Badewitz ein Versprechen eingelöst, das sie ihrer kuchen- und tortenbackenden Schwester gegeben hatte: „Ich mache dir ein Café auf!" Die Idee wurde dank beherzter Hilfe ihres Partners schnell umgesetzt. Da packten auch Familie und Freunde an. Inspiriert von Kneipen aus Großstädten, entstand ein schlüssiges Konzept: unter anderem die coole Einrichtung. Alles, was der Dachboden von Freundins Oma oder der Tante hergab und im Stil der 50er-Jahre war, wurde verwendet. Das spart Geld und gefällt den Gästen. Man weiß nicht, wohin man zuerst schauen soll, so originell ist die Einrichtung. Am Tresen wird eine alte Kasse mit einer Kurbel bedient, die „Ping" macht, wenn die Lade aufspringt. Zu bestaunen gibt es eine Kuckucksuhr, alte Emaille-Werbeschilder und Hirschgeweihe. Dabei macht man es sich auf wunderschönen Sofas gemütlich, manche sitzen auf dem Boden, bleiben, trinken Astra Bier aus Hamburg und machen Party. Besonders am Abend, wenn Studenten und Schüler hier feiern, ist bei guter Musik immer was los.

TIPP *Am Sonntag wird Frühstück mit vielen veganen und vegetarischen Highlights angeboten.*

Der Heimathafen ist jedoch nicht nur eine Location, er ist ein Ort zum „Einfahren", Spaß haben und wieder „Auslaufen", ein Hafen in einer fremden Stadt, eine kleine Insel zum Wohlfühlen. Das Motiv „Hamburg" begegnet dem Besucher überall. Ein Freund brachte ein Hans-Albers-Bild mit, ein Rettungsring steht in der Kneipe, im Fenster entdeckt man eine Treibholzskulptur, und Anker sieht man in vielen Varianten. Traut man sich an Getränke wie „Kielwasser", das ist Wodka mit Rhabarbersaft und Gurke, oder das „Herrengedeck", Astra mit Korn, dann hat man gleich ein richtiges Nordseefeeling!

Auch die Umwelt ist ein Thema. Kaffee und Tees sind Bio und Fair Trade. Zucker gibt es nicht in Tütchen, sondern in niedlichen Zuckerdosen, Bier wird aus Flaschen getrunken, und die sind immer plastikfrei.

▶ Gaststätte Heimathafen, Kanzleistraße 2, 95444 Bayreuth, Tel. (09 21) 16 80 60 16
www.heimathafen-bayreuth.de
▶ ÖPNV: Bus 314, Haltestelle Stadtkirche

Ein bisschen Nostalgie

6 *Der August-Bebel-Platz*

In Bayreuth gibt es einen Stadtteil, der älter ist als die Stadt selbst: die Altstadt, die bis ins 20. Jahrhundert hinein Altenstadt hieß und erst 1840 eingemeindet wurde. Ihre Bewohner zeichnen sich bis heute durch ein großes Zusammengehörigkeitsgefühl und einen gewissen Stolz aus. „Ich bin Altstädter", das bedeutet, mehr als ein Bayreuther zu sein.

Augenfällig wird die Besonderheit des Altstädters am August-Bebel-Platz: Kleine Doppel- und Reihenhäuser, Nummer 1 bis 31, stehen auf einem lang gestreckten Platz mit abzweigenden Seitenstraßen in einer so charmanten Reihenfolge, als würde es sich um einen Baukastensatz handeln.

Diese Siedlung wurde 1922 vom Bauverein für Kriegsgeschädigte gebaut und günstig vermietet. Familien mit bis zu fünf Kindern lebten in drei Zimmern, hielten sich direkt am Haus Taubenschläge und in Stallungen Ziegen. In den Gärten wurde Gemüse angebaut, um sich selbst versorgen zu können.

Im Laufe der Jahrzehnte renovierten die Bewohner ihre Häuser auf individuelle und geschmackvolle Weise, jedoch derart behutsam, dass man noch immer die Anbauten für die Taubenhäuser erkennen kann.

Üppige Blumenampeln vor liebevoll gestalteten Eingängen werten die Häuschen auf. An den Fassaden konkurrieren hölzerne Fensterläden mit farblich abgesetztem Jugendstilputz.

Ehepaare sitzen oft zweisam, ein Gläschen Wein in den Händen, auf ihrem Gartenbänkchen, eine alte Dame gießt ihre Rosen und freut sich, wenn man sie danach fragt, wie es früher war. Der Besucher spürt, dass die Menschen gerne hier leben.

Jetzt darf man innehalten, um sich anstecken zu lassen von der Schönheit und der Geruhsamkeit dieses Platzes. Weht dann der Duft der Lindenblüten aus den Bäumen, stellt sich so etwas wie Glücklichsein ein.

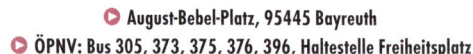

● August-Bebel-Platz, 95445 Bayreuth
● ÖPNV: Bus 305, 373, 375, 376, 396, Haltestelle Freiheitsplatz

Schmökern und mehr

7 *Das RW21*

Wo kann man mit einem modernen Kunstwerk unter dem Arm, einer Wagner-Partitur und einem spannenden Spiel nach Hause gehen? Wo kann man indische, russische, arabische Rezepte ausprobieren, das Fotografieren oder Bauchtanz lernen? Und wo kann man vertieft in einer Zeitschrift blättern und dabei einen selbst gerösteten Kaffee mit einem Stückchen Torte genießen?

„Na im RW21!", würde der Bayreuther sagen. Dabei fiel ihm anfangs diese Bezeichnung nicht leicht; handelt es sich doch um die Stadtbibliothek, die Volkshochschule und ein Café in einem ehemaligen Bekleidungskaufhaus. Mit den Jahren jedoch hat sich der Bayreuther an diese Abkürzung, die für Richard-Wagner-Straße 21 steht, gewöhnt und frequentiert dieses Haus unglaublich intensiv. Aber nicht nur er. Es zieht Studenten genauso an wie Touristen. Hier ist immer etwas los. Außerdem stimmt die Atmosphäre. Schon beim Eintreten zaubert einem der lichtdurchflutete, kreativ gestaltete Raum ein Lächeln auf die Lippen. Man wird von einer Rolltreppenkonstruktion, die sich frei und luftig vom

TIPP Mit einem guten Buch eine kleine Auszeit auf der wunderschön begrünten Dachterrasse nehmen.

Erdgeschoss bis in den zweiten Stock scheinbar selbst trägt, in den Bann gezogen. Blickt man weiter nach oben, überrascht den Besucher der Himmel als Deckengemälde. Für Wissensdurstige stehen auf jedem Stockwerk Computer zur Verfügung. Will man es gemütlicher, kann man in bequemen Liegen mit Blick auf die Straßen lümmeln und schmökern oder sich auf Bänken und Sesseln in Bücher vertiefen. Obwohl das RW21 auch ein Ort der Kommunikation ist, herrscht eine angenehme Ruhe. Etwas lebendiger geht es im Café zu, das von Menschen mit Behinderung geführt wird. Die Bedienungen freuen sich über jeden Gast und jede Tasse Kaffee, die sie bringen dürfen. Ein kleiner Small Talk mit ihnen öffnet einem das Herz. Sie sind liebevoll zu den Besuchern, nehmen ihre Arbeit ernst und haben immer eine nette persönliche Geschichte parat.

Unbedingt sehenswert ist im Erdgeschoss die Kinderabteilung, in der man sich wünscht, noch einmal selbst Kind zu sein.

RW21, Richard-Wagner-Straße 21, 95444 Bayreuth, Tel. (09 21) 50 70 38 30
www.bayreuth.de
ÖPNV: Bus 302, 307, Haltestelle Wahnfried; Bus 314, Haltestelle Sternplatz

Der Grüne Hügel ruft

8 *Der Festspielpark*

Es ist ein Phänomen. Man spürt den Grünen Hügel, bevor man ihn sieht. Richard Wagner, einer der bedeutendsten Komponisten Deutschlands, hat auf ihm das Festspielhaus erbauen lassen. Mit jedem Schritt den Hügel hinauf werden die Blumenrabatten bunter und üppiger, die Namen der Straßen unverkennbarer: Nibelungen, Tristan, Parsifal, Rheingold. Spätestens jetzt schlägt jedem Musikliebhaber das Herz schneller, hier, am Fuße des Festspielparks, einer 19 Hektar großen Parkanlage im Norden der Stadt, an der die berühmte Auffahrt, die Siegfried-Wagner-Allee, beginnt. Erhaben zieht sie sich durch die Parkanlage, teilt sie in zwei Hälften und führt hoch bis zum Festspielhaus, dessen rote Ziegelsteinfront die typische Postkartenansicht bietet.

Rechts glitzert ein Seerosenteich, der von Enten und einem Schwarm Goldfischen bewohnt wird. Alle Bänke sind in diesem Mittagspausenpark besetzt. Brotkrumen werden verfüttert, junge Leute machen es sich unter einer Trauerweide bequem, Besucher schlendern umher und bestaunen die großen Bäume. Das satte Grün des Efeus und der Eiben begleitet uns, bis wir vor dem Hauswappen der Familie Wagner stehen. Es ist ein lebendig schönes und farbenfrohes Wappen, denn es besteht aus 10.000 Sommerblumen, die jedes Jahr neu in die Wiese gepflanzt werden. Touristen lassen ihre Handys klicken, damit sie diesen Anblick nie vergessen. Genauso beliebt als Fotoobjekt ist die Büste Richard Wagners, die in diesem Teil des Parks steht. Oben am Festspielhaus angekommen, hat man einen weiten Blick bis zur Stadtkirche. Selbst der Bayreuther, der zum Understatement neigt, ist hier stolz auf seine Stadt. Fast so schön wie das Wappen ist ein aus roten Blumen gepflanzter Violinschlüssel auf der anderen Parkseite. Den Urwelt-Mammutbaum darf man sich nicht entgehen lassen, bevor man die Büste Cosimas, der Frau Richard Wagners, antrifft. Der Park ist aber auch für Schüler ein Paradies. Sie nutzen das Gefälle und rauschen mit ihren Skateboards waghalsig die Allee hinunter.

• •

○ Festspielpark Bayreuth, Festspielhügel 1, 95445 Bayreuth
○ ÖPNV: Bus 305, Haltestelle Gartenstadt, Am Festspielhaus

Spannung unter null

 9 *Das Eisstadion*

Heiße Rhythmen und Sprechgesänge lassen das Eis kochen! Die Stimmung ist aufgeheizt, als der erste Spieler der Bayreuth Tigers durch einen riesigen Tigerkopf, eingerahmt von zwei „Flame-Jetts", auf die Eisfläche einläuft. Trommelwirbel aus der Fankurve begleiten die nachfolgenden Spieler, Handys werden wie Feuerzeuge über die Köpfe gehalten: Es ist Eishockey-Freitag.

Zwischen Oberfrankenhalle und Hallenbad finden Eislauffreunde und Eishockeyfans das Kunsteisstadion, das Teil des Sportparks in Bayreuth ist. Die Arena ist überdacht und bietet 4555 Besuchern ein überaus spannendes Freizeitvergnügen. Das Spiel beginnt, die Musik ist aus, und auch die Sprechchöre werden leiser. Sobald der schwarze Puck über die samtweiße Spielfläche saust, jagen, fliegen, ja schweben die Spieler wie Tänzer über das Eis. Selbst für Nicht-Eishockeyfans ist dieser rasante und gleichzeitig ästhetische Anblick fesselnd. Mit jedem Tor der Bayreuth Tigers nimmt die Begeisterung zu und schwappt aus der Fankurve, in der wieder heftig getrommelt und gesungen wird, auf den Rest des Stadions über. Fahnen werden geschwungen, glückliche Menschen feuern ihre Tigers an.

TIPP Von Oktober bis März ist das Stadion für alle Eisläufer geöffnet.

Selbst in den Pausen spürt man die Freude der Zuschauer über dieses Sportereignis. Es wird gefachsimpelt, manche holen sich ein herzhaftes Brötchen, andere wieder trinken lieber ein Bier oder tauschen mit ihrem Sitznachbarn das Kissen, weil sie hoffen, dass es besser wärmt. Ebenfalls ein Genuss ist es, der Eismaschine in den Pausen zuzusehen, wie sie die zerkratzte Fläche wieder in einen Spiegel verwandelt, in dem die Lichter der Halle reflektieren. 750 Liter Wasser sind nötig, um das Spielfeld in eine Eisfläche zu verwandeln. Ammoniakleitungen, die im Beton verlaufen und wie eine umgekehrte Fußbodenheizung funktionieren, machen das möglich. Für Experten: Im Kunsteisstadion wirtschaftet man umweltfreundlich. Das abgehobelte Eis wird in einer Schneegrube gesammelt. Ist es geschmolzen, kommt es in einen Kühlturm zur Wiederverwertung.

○ Städtisches Kunsteisstadion, Am Sportpark 3, 95448 Bayreuth
www.bayreuth.de
○ ÖPNV: Bus 304, 307 u. a., Haltestelle Oberfrankenhalle/Sportzentrum

Mit Apoll ins Licht

 Das Neue Schloss in der Eremitage

Das war ein Geschenk! Markgraf Friedrich überraschte seine Frau Wilhelmine 1735 zum Geburtstag mit nichts Geringerem als der Eremitage. Offensichtlich hatte er gut gewählt, denn die Markgräfin machte sich sofort mit Begeisterung an die Neugestaltung dieser Parkanlage. Dazu gehört auch das Neue Schloss, ein ungewöhnlicher Bau, den Wilhelmine anstelle eines Heckenlabyrinths errichten ließ.

Jeder Besucher, der die Eremitage vom Parkplatz aus betritt, kann die Pracht des Schlosses ahnen, sobald er den vergoldeten Apoll auf seinem Sonnenwagen, gezogen von vier Rössern, aus der Ferne blinken und leuchten sieht. Hoch oben auf dem Sonnentempel verlässt er, symbolisch betrachtet, jeden Morgen den Himmel, um die Welt mit seinem Licht zu beglücken. Geht man durch den großzügig angelegten Kanalgarten oder einen der romantischen Laubengänge weiter, glaubt man zu träumen, wenn man schließlich vor dem Schloss steht. Säulenpaare schmücken sowohl den achteckig gebauten Sonnentempel als auch die sich rechts und links anschließenden Arkadentrakte, die mit unserem Apoll um die

TIPP Sich an den Wasserspielen in der Unteren Grotte und in der Grotte des Alten Schlosses erfreuen.

Wette glitzern. Jede Säule ist in Bergkristalle und künstliche Edelsteine in allen Farben gehüllt. Ein solches Farbenwunder begeistert Kinder wie Erwachsene. Sie berühren die Steine, die wie Diamanten funkeln, staunen über das Rubinrot, Türkis, Kobaltblau, Tiefschwarz und Jadegrün. Gekrönt werden die Bogenpfeiler jeweils mit einer Goldbüste, die zum etwas weiter unterhalb liegenden Wasserbecken ausgerichtet sind.

Umgeben von so viel Schönheit, darf man einen Moment innehalten. Manche gönnen sich ein Stück Torte im Café der Orangerie oder strecken sich wohlig im Gras aus, um in die Sonne zu blinzeln. Insider wissen, dass sich hier eine Pause lohnt, da regelmäßig im großen Becken Wasserspiele stattfinden. Diese herrliche Pracht ist natürlich nicht zufällig, soll doch Apolls Palast aus Kristall gewesen sein.

Neues Schloss Eremitage, Eremitagestraße 6, 95448 Bayreuth, Tel. (09 21) 75 96 90
www.bayreuth-wilhelmine.de
ÖPNV: Bus 302, 303, Haltestelle Parkplatz Eremitage

Auf zum Josefi-Bock

 Das Manns Bräu

In Bayreuths Prachtboulevard, der Friedrichstraße, findet man zwischen barocken Sandsteinhäusern das Wirtshaus Manns Bräu. Bis weit in den Herbst hinein sitzen die Gäste an einfachen Biertischen auf dem Gehsteig und zwischen den Häusern im sogenannten „Gässla". Insider nutzen die Wärme der Sandsteinmauer aus, lehnen sich genüsslich zurück und blinzeln in die letzten Sonnenstrahlen. Hier trifft man sich zum Entspannen, Quatschen, aber auch Diskutieren und Kennenlernen. Schon mancher Neubayreuther konnte sich im Manns mit dem typischen fränkischen Charme vertraut machen. Es kann einem durchaus passieren, bereits bei der ersten Begegnung geduzt zu werden, und anstelle einer Begrüßung oder eines Abschieds sieht man, wie die Einheimischen mit den Fingerknöcheln auf die Tischplatte klopfen. In ungezwungener Atmosphäre sitzen Student und Professor, Bayreuther und Tourist, Schüler und Lehrer an einem Tisch, und im Winter hat man schon interessante „Gästekombinationen" zusammengerückt am Kachelofen hocken sehen. Getrunken wird das Dunkle oder das Kräußenpils, ein herrlich frisches, unfiltriertes Bier, das einen dazu verleitet, gleich ein zweites zu bestellen. Abgerundet wird das Biervergnügen mit knusprig gebratenem Schäufele, einem Häxla, bei dem einem das Wasser im Mund zusammenläuft, oder einfach mit eingeschnittenen Klößen. Wem der Bauch spannt, der genehmigt sich einen Bierlikör, serviert in winzigen Biergläsern.

TIPP Jeden Monat stellen die „Bräu-Brüder" Christian und Johannes Hacker ein neues Bier vor.

Dieses alte Gasthaus, das früher von den Manns-Brüdern mit einer eigenen Brauerei geführt wurde, hat 2009 Hans Hacker wiederbelebt und so vielen Bayreuthern eine Wirtshausheimat zurückgegeben. Heute führt sein Sohn Christian die Wirtschaft.

Etwas ganz Besonderes hängt in der Gaststube: eine Scherenschnittgalerie, die Köpfe von Gästen aus der Zeit der Manns-Brüder zeigt. Damals gab es einen „Künstler", der den Gast für ein Bier im Scherenschnitt verewigte. Mit etwas Glück kann man noch heute von älteren Damen und Herren hören: „Schau, des da oben bin ich!"

Gaststätte Manns Bräu, Friedrichstraße 23, 95444 Bayreuth, Tel. (09 21) 1 63 89 88
www.facebook.com/MannsBraeu/
ÖPNV: Bus 314, Haltestelle Stadthalle

Im Universum unterwegs

12 *Das Glockenspiel an der Graserschule*

Das Bayreuther Glockenspiel steht an einem Ort, an dem die meiste Bewegung in der Stadt ist: der Zentralen Omnibushaltestelle. Dort wurde es 2005 aufgestellt, nachdem es seinen angestammten Platz an der Fassade des Rathauses wegen Renovierungsarbeiten 1995 verlassen musste. Die Jahre bis zur erneuten Montage schlummerte es im Keller der Graserschule, an deren Vorderwand es jetzt angebracht ist. Dieses erstaunliche Kunstwerk war als Rathausuhr mit Glockenspiel konzipiert und wurde von dem berühmten Glasmaler und Mosaizisten Blasius Spreng geschaffen. Auf einer großen Mosaikfläche, dem Universum, werden Sonne und Mond dargestellt. Die Glocken, es sind insgesamt 25, sollen als Halbkugeln die Sterne symbolisieren. Nachdem die Herstellung dieser Halbkugeln schwierig war, musste die größte Glocken- und Glockenspielfabrik der Welt, die Firma Eijsbouts, die Fertigung übernehmen.

Das Zusammenspiel ZOH und Glockenspiel eröffnet dem Betrachter einen städtisch-philosophischen Glücksort: die goldenen Zeiger, die sich strahlend auf der dargestellten Sonne spiegeln, die Erde, die um die Sonne, der Mond, der um die Erde kreist, das Gestirn, das Universum und die Frage nach der Zeit, nach Rhythmen und Wiederholungen und der Erkenntnis, dass trotz Wiederholung alles immer wieder neu ist.

TIPP *Der Weltkugelbrunnen, der als Ensemble mit dem Glockenspiel gebaut wurde, steht vor dem Rathaus.*

Sieht man sich die ZOH an, die als Rondell gebaut wurde, sodass die Busse ein Stück im Kreis fahren, getaktet von Ankunfts-, Warte- und Abfahrtszeit, tauchen Parallelen auf: An diesem Platz ist alles im Fluss. An diesem Platz wird ständig bewegt. Ruhe und Betriebsamkeit wechseln sich ab, Menschen jeden Alters und vieler Nationalitäten steigen in rote, blaue und grüne Busse, fahren weg und kommen wieder an. Hier findet sich das Große im Kleinen, das Universum an der ZOH. Man hat die Gewissheit, dass die Abläufe in einer beruhigenden Beständigkeit weitergehen. Selbst die Tauben, die das Glockenspiel als ihr Zuhause betrachten, landen und fliegen fort und landen und fliegen fort … und alles ist gut.

○ **Glockenspiel an der Graserschule, Hohenzollernplatz, 95444 Bayreuth**
○ **ÖPNV: ZOH**

Von Brücke zu Brücke

13 *Der Mistelbach*

Wer in der Altstadt wohnt und mit dem Fahrrad oder zu Fuß in die Innenstadt möchte, hat Glück, denn der Weg dorthin führt ihn an einer der schönsten Strecken der Mistel oder, wie der Bayreuther sagt, des Mistelbachs entlang. Lief der Bach noch bis in die 90er-Jahre bolzengerade durch eine schmucklose Betonrinne, mäandert er nach der Renaturierung durch eine abwechslungsreiche Flussauenlandschaft. Ein Paradies nicht nur für uns Menschen, sondern auch für die Tierwelt.

An der eisernen Brücke in der St.-Nikolaus-Straße beginnt unser Spaziergang. Dort ist das Wasser sehr flach, sodass man Fischschwärme gegen den Strom tanzen sehen kann. Hohe Weiden und Linden säumen das Ufer. Schon hier kann man sich eine Auszeit gönnen, die Ruhe genießen und etwas weiter stadteinwärts im Frühjahr die weiß blühenden Kirschbäume leuchten sehen. Rechter Hand lädt der Biergarten der Brauerei Glenk zum Brotzeitmachen und auf ein süffiges Bier ein.

Wer Naturliebhaber ist, geht zum Bach hinunter, klettert über die großen Steinblöcke, die das Ufer befestigen, und erfreut sich am Rauschen des Wassers. Enten wippen über kleine Stromschnellen, die die Mistel mit Sauerstoff anreichern. Hier hat man das Gefühl, im Herzen der Natur zu sein. Vogelgezwitscher und das Grün kleiner Grasinseln, idyllisch in der Mitte des Wasserlaufs gelegen, lassen einen Stress und Hektik vergessen. Je weiter man in die Innenstadt hineinkommt, desto höher werden die Kastanien, die den Weg beschatten. Im Sommer genießen Rentner, aber auch Jüngere diese Kühle und suchen sich gerne eine Bank, um auf den Bach zu blicken.

Das Besondere an diesem Wegabschnitt sind die beiden Sandsteinbrücken, die im 18. Jahrhundert gebaut wurden. Die erste schwingt sich zweibögig von Ufer zu Ufer, während die zweite, bereits mitten in der Stadt, als vierbögiges Bauwerk zu bewundern ist. Sie ist wunderschön gearbeitet, mit einem geschwungenen Handlauf und Verzierungen. An dieser Stelle die letzte Pause einzulegen, bevor man sich ins Stadtgetümmel stürzt, kann nur richtig sein.

· ·

🔵 Mistelbach, St.-Nikolaus-Straße, 95445 Bayreuth
🔵 ÖPNV: Bus 309, Haltestelle Adlerstraße

Große Oper „en miniature"

 ## Marionettentheater Operla

Jeder Gast, der durch die anheimelnde Steingräberpassage ins Marionettentheater kommt, wird beim Eintreten persönlich mit „Herzlich willkommen im Operla!" begrüßt. Und schon ist er in einer anderen Welt, in einer Zauberwelt. Ob „Wilhelmine, die Prinzessin am goldenen Faden" oder „Lohengrin", das komplette Ambiente ist dem Stück gewidmet. Da „fliegen" Pappmascheeschwäne durch den Innenhof, zieren weiße Flügel die Türen zum Theaterraum, werden gebackene Keksschwäne und Wagnerköpfe in der Pause zur Stärkung gereicht. Wer durstig ist, kann sich mit einem Schwanenbier erfrischen.

Besucher, die zum ersten Mal diese kulturelle Kostbarkeit besuchen, staunen, sobald sie in den Zuschauerraum hineinkommen. Spiegel an Spiegel, alle gold gerahmt, zieren die Wand. Ein Kronleuchter wirft sein warmes Licht auf antike Stühle, von denen keiner dem anderen gleicht und die etwa 40 Gästen Platz bieten. Hier sitzt man dann, mit einem bestickten Kissen im Rücken, dicken Teppichen unter den Füßen, und im Winter, wenn es richtig kalt ist, spendet ein bullernder Ofen behagliche Wärme. Die Chefin, Frau Mösch-Ahner, verteilt vor Beginn der Aufführung Eukalyptusbonbons und erkundigt sich nach dem Wohlbefinden ihrer Gäste, die sich dadurch gleich noch wohler fühlen.

TIPP *Das Operla hat eine Wanderbühne, die man zum Beispiel für eine Feier buchen kann.*

Ja, und dann geht es los. Mit individuell ausstaffierten Marionetten wird großes Theater auf einer märchenhaften, stilvollen Bühne aufgeführt. Das Team von Frau Mösch-Ahner erweckt mit großer Professionalität die Puppen, die sich in die Herzen der Zuschauer spielen, zum Leben. Nach und nach vergisst man Zeit und Raum, verliert sich in der Musik und den schönen Bildern und wird Teil des Operlas.

Frau Mösch-Ahner erschafft zusammen mit einem Kollegen ihre Figuren selbst. Aber auch das Bühnenbild, der Kulissenbau, die Technik und die Inszenierung werden vom Team ausgeführt. Mit Liebe und Kreativität, mit Engagement und Können werden die Besucher auf hohem Niveau verwöhnt. Kein Wunder, dass die Vorstellungen schnell ausverkauft sind.

Marionettentheater Operla, Steingräberpassage, 95444 Bayreuth, Tel. (09 21) 2 16 09
www.operla.de
ÖPNV: Bus 314, Haltestelle Stadtkirche

Allerlei Gaumenkitzel

15 *Kolbs Bauernladen*

In Oberobsang 2 haben die glücklichsten Hühner Bayreuths ihr Zuhause. Sie bewohnen einen eigenen Wintergarten am Stadtrand, gehen spazieren, picken leckeres Futter und legen, weil sie so glücklich sind, die besten Eier. Das wissen viele Bayreuther und kaufen deshalb ihre Hühnereier nur noch bei Familie Kolb, die in ihrer Landwirtschaft außerdem Schweine und Rinder hält. Sortiert und schön aufgereiht nach Größe und Farbe, glänzen diese Naturprodukte samtig aus dem Holzregal und warten auf ihre Käufer. Vor Ostern bricht in der Regel der „Eiernotstand" aus, den die Stammkunden durch rechtzeitiges Vorbestellen umgehen. Tatsächlich haben Susanne Kolb, ihr Mann Dieter und seine Familie vor 26 Jahren durch den Verkauf von Eiern ihren Bauernladen gegründet und damit den Schritt in die Selbstständigkeit gewagt. Und es hat so gut funktioniert, dass die Kunden besonders am Samstag oft bis zur Tür Schlange stehen. Währenddessen kann man saisonales Gemüse auswählen, luftig gelagert in Holzschütten, entscheidet sich zwischen verschiedenen Kartoffelsorten oder schnuppert an frisch gepflückten Äpfeln, um dann die Ware behutsam in Papiertüten zu füllen. Es ist ein lustiger Anblick, wenn die braunen Tüten schön nebeneinander auf der Verkaufstheke liegen, bevor sie gewogen werden.

Und weiter geht es mit dem Einkauf. Der Duft frisch geräucherter Bauernseufzer, eine echte Köstlichkeit, zieht einen zur Wursttheke. Ach, und da lachen der weiße Presssack, die Pizzaleberkäse, die Schweinskopfsülze, … den Kunden an. Aber auch die Wurst in Gläsern, der Käse, der gute Wein, die leckeren Kekse, die feinen Brotaufstriche, die Likörchen, der Honig und, nicht zu vergessen, die über Bayreuth hinaus bekannten Essiggurken, immer noch nach dem Rezept der Schwiegermutter eingelegt, springen einem beinahe wie von selbst in den Einkaufskorb. Regelmäßig Dienstag bis Freitag sorgt der hauseigene Metzger für frisches Fleisch. Wer den Wert guter regionaler Produkte zu schätzen weiß, ist hier genau richtig!

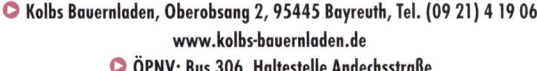

● **Kolbs Bauernladen, Oberobsang 2, 95445 Bayreuth, Tel. (09 21) 4 19 06**
www.kolbs-bauernladen.de
● **ÖPNV: Bus 306, Haltestelle Andechsstraße**

Bella Italia in Franken

16 *Canale Grande*

Dolce Vita in Bayreuth? Kein Problem. Am Canale Grande kann man die Beine und die Seele baumeln lassen, sobald die ersten Sonnenstrahlen das Thermometer über den Gefrierpunkt treiben. Bayreuther, genauso wie Studenten oder Besucher der Stadt bevölkern dann auf nur fünf Sandsteinstufenreihen, die einen freigelegten Kanal, den Mühlkanal in der Opernstraße, säumen, diesen Platz. Es ist ein Phänomen, mit dem damals in den 90er-Jahren, als der Kanal freigelegt wurde, wohl niemand gerechnet hatte. Hier trifft man sich, plaudert, liest, zeichnet, schleckt ein leckeres Eis aus der gegenüberliegenden Eisdiele, hört Musik oder führt sein neuestes Kleid vor. Wem das Eis nicht reicht, der kann ein paar Schritte gehen und findet sich im Café Ponte wieder, das eine weitläufige Außenbestuhlung mit herrlicher Besonnung anbietet.

Auf den Bänken, die oberhalb der Stufen zwischen großen Töpfen mit alten knorrigen Olivenbäumen stehen, sitzen die Älteren, die sich vielleicht noch daran erinnern, dass der Wasserlauf seinen Namen von den vielen Mühlen bekam, die er antrieb. Die Jüngeren können dafür erzählen, dass der Canale Grande mit einer echten venezianischen Gondel eingeweiht wurde, die ein wenig hin und her schipperte.

Viele lieben diesen Platz, schauen gerne dem Wasser zu, in dem drei sehr interessante Bronzereliefs wie figurale Scherenschnitte auf hohen Betonsockeln stehen, genießen den Blick hinüber zu den Schlossterrassen mit der vor sich hin träumenden Wilhelmine und lauschen mitten im Alltagslärm dem Rauschen des kleinen Wasserfalls, der den Bach wieder unter die Straße lenkt. Es ist ein Ort zum Nachsinnen, zum Blickeschweifen-Lassen, zum Einfach-da-Sein. Bereits im Frühling werden die drei Brücken, die über den Kanal in die Fußgängerzone führen, mit Blumen üppig bepflanzt. Würde man nicht immer wieder den fränkischen Dialekt hören, könnte man an einem warmen Tag wirklich glauben, in einem italienischen Städtchen zu sitzen. La bella Bayreuth.

· ·

○ Canale Grande, Opernstraße, 95444 Bayreuth
○ ÖPNV: Bus 302, 304, 307, 314, Haltestelle Opernhaus

Humanität und Toleranz

 Das Logenhaus

Im Hofgarten 1. Diese Adresse hat es in sich. Mitten im Hofgarten, zwischen der Villa Wahnfried, in der Richard Wagner lebte, und der Streuobstwiese auf der ehemaligen markgräflichen Hofhaltung, steht das Gebäude der Freimaurerloge „Eleusis zur Verschwiegenheit". Es ist das einzige Anwesen, das nur über den Hofgarten zu erreichen ist. Da jedoch gibt es viele Wege, die der Besucher wählen kann. Nähert er sich achtsam dem Logenhaus, erlebt er die Schönheit des Parks, spürt seine Atmosphäre und auch seine Geschichte und Bedeutung. Fast behutsam führt eine kleine Allee an einem Staketenzaun entlang bis vor das Domizil der Loge. Da steht man dann auf einem freien Platz und hält inne, während man sich immer ruhiger und ausgewogener fühlt. Als unterstütze den Besucher die Kraft eines magischen Ortes, wird er durch die formvollendete Vorderseite des Hauses, das warme Gelb der Fassade und den halbrunden Treppenaufgang eingeladen, in die Welt der Freimaurer einzutreten. Als geistige Nahrung darf der Sinnspruch, der unter dem mittleren Fenster des Giebelportals zu erkennen ist, verstanden werden: „Wer nur der Zeit lebt, vergeht in der Zeit; Ewig ist nur, wer sich Ewigem weiht."

TIPP *An einer menschlicheren Gesellschaft mitzubauen, weckt Lebensfreude und kostet nichts.*

Vor diesem philosophischen Hintergrund sowie den fünf Grundidealen – Freiheit, Gleichheit, Brüderlichkeit, Toleranz und Humanität – begegnet der Besucher der Geschichte und Wertebasis der Freimaurerei, die ihm im Deutschen Freimaurermuseum, im Erdgeschoss des Hauses, nahegebracht werden. In blaues Licht getaucht, bewegt man sich durch den Raum, wird mit den drei Stationen – Lehrling, Geselle, Meister – im Leben eines Freimaurers vertraut gemacht und kommt in der Abgeschlossenheit dieses Museums unmerklich zu sich selbst. „Erkenne dich selbst – Du sollst der werden, der du bist", aber auch die Aufforderung, ein Leben lang an sich zu arbeiten, sich als Mensch zu veredeln, berühren den, der es wagt, über sich selbst hinaus zu denken. Diese Loge ist übrigens eine der ältesten Freimaurerlogen Deutschlands.

Logenhaus, Im Hofgarten 1, 95444 Bayreuth, Tel. (09 21) 56 02 29
www.freimaurerei.de/das-freimaurermuseum-in-bayreuth/
ÖPNV: Bus 302, 307, Haltestelle Wahnfried

Im Zauberwald

18 Der Buchstein

… und plötzlich sind sie da! Bestaunt, bespielt, beklettert: die Felsblöcke und die bis zu zehn Meter hohen Felsentürme am Gipfel des Buchsteins, die als Naturdenkmal geschützt sind. Wie hingewürfelt bieten sie Lebensraum für gefährdete Pflanzen- und Tierarten. Seit 2005 werden die sogenannten Rhätsandsteine als Bayreuther Formation bezeichnet.

Inmitten von Kiefern erheben sie sich majestätisch über den Köpfen der Wanderer, Pilzsucher und Blaubeersammler, Mountainbiker und Jogger, Hundebesitzer und Familienausflügler. An lauen Abenden, am Wochenende oder unter der Woche, wenn es still ist und der Wald einem fast alleine gehört, zieht es naturverbundene Menschen in dieses beliebte und wildromantische Naherholungsgebiet. Am südlichen Rand der Stadt Bayreuth erhebt sich der Buchstein auf einer Fläche von 13 Hektar. Startet man seinen Spaziergang bei der Försterei, führt die Route ein Stück durch Mischwald, bis ein blauer Kreis den Wanderer auf den Rundwanderweg, der zum Gipfel führt, verweist. Je höher man kommt, desto schmaler werden die Wege, desto sandiger wird der Boden und desto harziger riecht die Luft. Fast schmeckt es hier nach Urlaub und „unendlich Zeit haben". Walderdbeeren lösen Schachtelhalm und Farne ab, Kiefernnadeln verwandeln den Boden in einen weichen Teppich, der manchen Spaziergänger dazu verleitet, barfuß weiterzugehen. Doch sobald man die Felsgruppe in prächtigen Gelb- und Rottönen durch die Bäume schimmern sieht, schlüpft man wieder in seine Schuhe und läuft los, denn ein Felsturm ist spannender als der vorherige. Hohlräume, Nasen und Spalten laden sowohl Kletterer und Kraxler als auch Schmetterlinge und andere Insekten ein, sich den Stein zu erobern. Fast unheimlich mutet das Leuchtmoos an, das selbst in den dunkelsten Felsspalten wächst und neongrün leuchtet, weil es das Licht optimal absorbieren kann.

Wahre Genießer suchen sich am Gipfel einen kuscheligen Sonnenplatz, während sie dem Vogelgezwitscher und dem Flirren der Blätter lauschen.

· ·

▶ Buchstein, 95447 Bayreuth
▶ ÖPNV: Bus 375, 376, 396, 397, Haltestelle Geigenreuth

Chillen erwünscht

19 *Café Freudenherz*

Was kommt dabei heraus, wenn eine Kunstmalerin mit Liebe zu den 50er-Jahren und allem, was schön ist und das Leben fröhlicher macht, ein Café eröffnet? Genau: ein liebevoll eingerichteter Laden, in dem man in entspannter Atmosphäre guten Biokaffee, Tees und Limonaden sowie leckere Kuchen, auch vegan, und sogar Kunst genießen kann.

Mitten in der Fußgängerzone bietet Sabine Schulz ihren Kundinnen und Kunden außerdem Geschenke für jede Gelegenheit an: faire Mode, bunt und modern, Kissen, Decken, Teppiche, hochwertiges Geschirr, aber auch Spiele, Bücher, die ihr selbst gefallen, und alles, was das Herz begehrt oder, wie es der Name sagt, was das Herz erfreut.

Steht man vor dem Café, fühlt man sich willkommen. Zwei kleine Tische mit schönen Sitzgelegenheiten, im Wind flatternde Röcke und T-Shirts verbreiten Leichtigkeit und Lebensfreude. Wer schließlich die Postkarten in den beiden Ständern mit den lustig-skurrilen Motiven entdeckt, kann dem Laden nicht mehr widerstehen. „Fachgeschäft für Seelenfutter" ist auf der Glastür zu lesen, und so fühlt man sich auch, sobald man den in Weiß gehaltenen Raum betritt. Lässige Musik in Kombination mit den ausdrucksstarken Bildern von Sabine Schulz, die an den Wänden hängen, verströmen ein bisschen Berliner Flair. Der Gast kann in entzückend rosafarbenen Sesseln Platz nehmen und seinen Kaffee an Resopalküchentischchen trinken, um sich dann auf die Suche nach einem Geschenk zu machen. Es ist schwer, sich zwischen einem Dr. P. Lacebo Likör gegen Liebeskummer, einer Wunschknalltüte oder vielleicht doch einem Loriot-Artikel oder dem Tyraninnenquartett zu entscheiden.

Die beste Idee ist es, gut zu sich selbst zu sein, sich eine coole Bluse – Fair Trade – zu gönnen und sich noch ein Stück Kuchen schmecken zu lassen. Sehr sympathisch ermuntert der Aufkleber: „Bitte Geschirr einfach am Tisch stehen lassen." Je länger man sich hier aufhält, desto mehr verliebt man sich in dieses Wohlfühlcafé. Aber keine Sorge, morgen ist auch noch ein Tag.

Café Freudenherz, Sophienstraße 2, 95444 Bayreuth, Tel. (01 76) 57 83 29 59
www.facebook.com/freudenherz/
ÖPNV: ZOH

Wasser spritz!

20 *Die Kneippanlage im Freiluftbad Bürgerreuth*

Ortskundige Festspielgäste gehen in den Pausen ins „Bad", gesundheits- bewusste Festspielgäste gehen in die Kneippanlage gleich nebenan. Alle anderen können sich ihre Zeit freier einteilen, denn die Anlage, die zwischen dem Festspielhaus und der Bürgerreuth liegt, hat ab Mai von 8 Uhr bis 20 Uhr geöffnet. Allerdings darf man sich kein Schwimmbad im herkömmlichen Sinn darunter vorstellen. Der Besucher findet ein Erholungskleinod, das zu Beginn des 20. Jahrhunderts vom neu gegrün- deten Bayreuther Naturheilverein für seine Bürger eingerichtet wurde, unter dem Motto: reine Luft in Höhenlage, Licht, Ruhe und Kneipp! Hat man sich auf der gepflegten Liegewiese entspannt oder ist durchgeschwitzt vom Tischtennisspielen, kann man nach einer Kaltdusche hinübergehen in die angrenzende Kneippanlage. Geschützt durch eine dichte Hecke, findet man ein Areal, in dem es vertraut und gleichzeitig respektvoll zugeht. Jeder, egal ob Kind, Erwerbstätiger, Sportler oder Rentner, bewegt sich leise und achtsam. Mit einem Kopfnicken teilt man sich eine der fünf Bänke, streift die Schuhe ab, nimmt die Atmosphäre, das herrliche Lila des Lavendels und das sanfte Gurgeln des Springbrunnens in sich auf, bevor man konzentriert in das Kneippbecken steigt. Geraffte Röcke, kurze Hosen, muskulöse Waden, dünne, haarige oder glatte, gebräunte oder ganz blasse, egal wie der Mensch beschaffen ist, hier gilt das Wohl- ergehen. Im Storchenschritt wird durchs Wasser gewatet. Manche halten sich am Holzlauf in der Mitte fest, manche ziehen sicher wie Yogis ihre Runden. Alle aber gehen sie gegen den Uhrzeigersinn. Das Wasser schwappt und glitzert, man ist im Gleichklang mit sich und dem, was man tut, die große Eiche spendet dabei Schatten, und viele Schuhpaare verteilen sich zwischen nassen Fußabdrücken über unseren Glücksort … Es ist so schön hier. Ist man einmal durch das Becken gegangen, hat die erfrischende Kühle gespürt und das Gefühl von Leichtigkeit, wird man süchtig auf die nächste Runde.

· ·

Freiluftbad Bürgerreuth, An der Bürgerreuth 8, 95445 Bayreuth
www.stadtwerke-bayreuth.de/baeder-wellness/
ÖPNV: Bus 305, Haltestelle Realschule I

Meditieren auf Weiß

21 *Der Altentrebgastplatz*

Im Osten Bayreuths gibt es einen Stadtteil, der von den „Kanzern" bewohnt wird. Für einen Nichtbayreuther ist es schwer nachvollziehbar, dass es sich hierbei um die Bewohner von St. Johannis handelt. Noch spannender wird es, wenn man hört, dass St. Johannis früher Altentrebgast hieß und bis 1939 ein eigenständiges Dorf war. Die Stadt versprach den „Kanzern", sie durch die Eingemeindung zu zufriedenen Bürgern zu machen; sie schenkte ihnen außerdem einen Zuchtbullen.

Geht man heute durch den Ortsteil, in dem erst in den 60er-Jahren Straßennamen eingeführt wurden, spürt man noch immer diesen dörflichen und ruhigen Charakter. Lediglich im Sommer trifft man auf Touristen, die in die angrenzende Parkanlage Eremitage fahren oder gehen.

Für alle, die sich eine Atempause gönnen und frische Kraft sammeln wollen, führt der Weg zum Altentrebgastplatz, der im letzten Jahrhundert ein Treffpunkt für Alt und Jung war. Im damaligen Dorfweiher haben die Frauen noch ihre Buntwäsche gewaschen. Daran erinnert nichts mehr. Lediglich ein ringförmiges, altertümliches Straßenschild verbreitet noch „Vergangenheitsflair".

TIPP An der Kirche vorbei, bis hinunter zum Roten Main gehen und die Gedanken fließen lassen.

Unser Glücksort liegt direkt zwischen diesem Platz und der Kirche St. Johannis. Im vorderen Teil des Kirchhofs ist es schon zu sehen: ein winziges, barock angelegtes Gärtchen, das den Besucher sofort verzaubert.

Vor einer mit wildem Wein bewachsenen Wand laden schneeweiße Bänke zum Sitzen, zum Entspannen und zum Meditieren ein. Der Besucher kann sich auf das Zentrum der kleinen Anlage konzentrieren, in der ein Rosenstock und eine Engelsfigur stehen, oder er richtet seinen Blick etwas in die Ferne auf das Kirchengebäude. Bis auf das Umherflattern der Vögel im Weinlaub oder wenn der Wind anhebt und ein Rauschen mit sich bringt, ist es still. Manche, die hier ankommen, schließen die Augen und folgen ihren Atemzügen, manche lächeln, wenn sie merken, wie sich die Hektik davonmacht, und manche reden leise und achtsam miteinander. Dieser Ort strahlt Kraft und Ruhe aus.

Altentrebgastplatz, 95448 Bayreuth-St. Johannis
ÖPNV: Bus 302, 303, Haltestelle Ochsenhut

Poseidon grüßt

22 *Der Hofgarten*

Es gibt vermutlich keinen Bayreuther, der noch nicht durch den markgräflichen Park, den Hofgarten, geschlendert ist, sein Bradwärschdbrödla auf einer Parkbank verzehrt oder sich einfach inmitten von Blumenrabatten entspannt hat. Was für uns selbstverständlich ist, war bis 1790 den Markgrafen und ihren Gästen vorbehalten. Nur sie durften den Lustgarten, der im Laufe der Jahrhunderte mehrmals umgestaltet wurde, für sich und ihre Spielchen genießen.

Diese wunderschöne Grünoase liegt hinter dem Neuen Schloss und erstreckt sich auf 13 Hektar Richtung Osten. Linden- und Eichenalleen, Wiesen, herrschaftliche Baumgruppen sowie ein Wasserkanal als Mittelachse mit zwei Inseln laden jeden ein, der die Natur, aber auch die Kunst liebt. Ganz gleich, durch welchen Zugang man den Park betritt, man wird in seinen Bann gezogen, denn überall gibt es etwas zu bestaunen. Ob Gartenfiguren aus Stein, den Sonnentempel, der durch die Bäume spitzt, oder Brücken, die über das Wasser führen. Für romantische Besucher empfiehlt sich der Weg durch die Wahnfriedstraße in den Park, über eine der Alleen bis hin zur „Großen Insel". Steht man auf dem Brücklein, kann man bis zum Schloss schauen. Untermalt wird dieser Anblick vom Glitzern der Sonnenstrahlen im Wasser und den Enten, die zu zweit oder zu dritt unermüdlich die Insel umrunden. Kleine Wellen wippen an das Kanalufer, Eichhörnchen springen von Ast zu Ast. Beinahe könnte man die Zeit vergessen, wenn uns nicht das imposante Wasserross auf der Insel herausfordernd anschauen würde. Mit wallender Mähne und algenumwachsenen Hufen scheint es darauf zu warten, dass Poseidons Kristallpalast aus dem Wasser emporsteigt. Der Gott der Meere aber wirkt gelassen, fast zufrieden, so, als hätte er gerade diese neue Insel erschaffen. Überlieferungen nach tat er das nur, wenn er gut gelaunt war. Wer Lust hat, kann auf einer der Bänke Platz nehmen und sich noch ein wenig auf Zeitreise begeben, bevor er sich von den nächsten Steinfiguren inspirieren lässt.

* *

⊙ Hofgarten, 95444 Bayreuth
www.schloesser-bayern.de
⊙ ÖPNV: Bus 302, 307, Haltestelle Wahnfried; Bus 304, Haltestelle Stadtwerke, Hofgarten

Nah dran

23 *Studiobühne*

Die Studiobühne Bayreuth! Da schlagen die Herzen vieler Theaterbegeisterter unserer Stadt und über ihre Grenzen hinaus höher. Was diese Bühne seit 40 Jahren auf die Beine stellt, sucht ihresgleichen. In einem ehemaligen Offizierscasino im Kasernenviertel beheimatet, haben sich professionelle und ehrenamtliche Theatermacher und Schauspieler zusammengefunden, um von der Tragödie über das fränkische Mundarttheater bis hin zur Komödie oder zu einem Kinderstück dem Zuschauer anspruchsvolle Unterhaltung zu bieten. Das gelingt der Truppe so gut, dass die Aufführungen zu 90 Prozent ausverkauft sind.

Allein das Domizil, ein stattliches Haus im Jugendstil, ist einen Besuch wert. In das Foyer wird man durch den geschwungenen Eingang förmlich hineingespült. Und schon befindet man sich unter gleichgesinnten Kulturinteressierten, die bei einem Glas Wein vor der Vorstellung zusammenstehen, auf fantastisch roten Stühlen sitzen oder am Tresen einen kleinen Sekt trinken. Die Atmosphäre ist freundlich, kreativ und behaglich. Sobald der Gong erklingt, ebbt das Gemurmel ab, und es bildet sich eine Schlange vor der silbrig glänzenden Tür zur Hauptbühne. Die Erwartung steigt, das Einlassseil, befestigt mit einem unglaublich formschönen Pendel, wird gelöst, während die ersten Gäste ihre Karten zum Abreißen einem Mitwirkenden entgegenhalten.

Da ist er dann, der Glücksort: die Bühne, die Ränge und alles so dicht beisammen, dass eine ganz eigene, doch nicht zu intime Atmosphäre entsteht. Vor Beginn der Aufführung begrüßen sich einige Zuschauer über die Bankreihen hinweg. Andere, die in der vordersten Reihe sitzen, ziehen ihre Füße an, um den Schauspielern nicht im Weg zu sein. Es riecht nach Brettern, die die Welt bedeuten, das Licht geht aus, und das Spiel beginnt.

Für manche Gäste aber ist das Schönste das Danach. Wieder im Foyer, mischen sich die Schauspieler unter „das Volk", und man kommt beim Salzstangen-Knabbern miteinander ins Gespräch und lobt begeistert die Akteure. Hier spürt man Theaterflair.

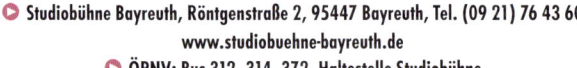

⊙ **Studiobühne Bayreuth, Röntgenstraße 2, 95447 Bayreuth, Tel. (09 21) 76 43 60**
www.studiobuehne-bayreuth.de
⊙ **ÖPNV: Bus 312, 314, 372, Haltestelle Studiobühne**

Wasserspiele in der Stadt

24 *Das Rinnla*

Wer sowohl Spaß als auch Entspannung sucht und das Wasser liebt, der ist richtig am Bayreuther Rinnla. Es verläuft etwa 120 Meter durch unsere „Gute Stube", die Maximilianstraße. Eher unscheinbar beginnt der künstliche Bachlauf an einem begehbaren Brunnen, der vor dem Alten Schloss kleine Fontänen spuckt. Hier kann man quietschvergnügte Kinder beobachten, die in kürzester Zeit vom Scheitel bis zur Sohle nass sind. Selbst manche Eltern lassen sich von dieser Heiterkeit anstecken, ziehen übermütig ihre Schuhe aus und freuen sich über die Erfrischung.

Davon unbeeindruckt plätschert das Rinnla vorbei an „Dem Knoten im Revolver", einem Kunstobjekt, geschaffen von Carl Fredrik Reuterswärd, passiert ein Innenstadt-Bronzerelief, einen unglaublich großen, drehbaren Stein, den selbst die Kleinsten bewegen können, ein Geschicklichkeitsspiel sowie einen Mühlespieltisch, an dem sich Großeltern mit ihren Enkeln messen.

Weiter strömt es an drei Eisdielen und kleinen Läden vorbei, bis es auf einen Wasserspielplatz trifft. Eine archimedische Schraube und ein Schöpfkellenrad faszinieren nicht nur Kinder. Im Sommer kann man dort Warteschlangen sehen. Die richtige Kulisse für eine Pause auf einem der Bänkchen oder im nächsten Eiscafé! Denn was dem Besucher hier geboten wird, ist echte Kurzweil: Touristen, die sich ihre heiß gelaufenen Füße kühlen, Kinder, die ihre Papierschiffchen auf Weltreise schicken, und Mütter, die sich ihren dritten Cappuccino bestellen, weil ihr Nachwuchs noch einmal an die Wasserschraube will.

Hin und wieder durchquert ein Hund das Rinnla, schüttelt sein nasses Fell, und weg ist er. Kann der Besucher sich von dieser Wohlfühloase trennen, sieht er, wie der Bachverlauf im Untergrund verschwindet, nachdem er an rechteckig beschnittenen Platanen, die im Sommer herrlichen Schatten spenden, vorbeigeflossen ist.

Der Bayreuther erzählt sich übrigens gerne abends am Stammtisch bei einem Seidla die Geschichte von dem Rentner, der der Länge nach ins Rinnla gefallen ist.

Das Rinnla, Maximilianstraße, 95444 Bayreuth
ÖPNV: ZOH

Süßes gabeln

 25 *Die Torten Schmiede*

„Kein Kuchen ist auch keine Lösung." Dieses Schild kann jeder Kuchen- und Kaffeefreund lesen, der die Torten Schmiede, die in einer Seitenstraße der Fußgängerzone liegt, besucht. Spätestens nach dem ersten Stück Torte würde man diesen Satz am liebsten umschreiben in: „Kuchen ist die beste Lösung", so lecker ist das Gebäck des jungen Konditormeisters Alexander Pleithner, der sich schon mit 21 Jahren in die Selbstständigkeit wagte.

Seine Philosophie zurück zum Handwerklichen findet große Resonanz; alles wird eigenhändig zubereitet, Backmischungen kommen ihm nicht auf den Tisch. Das wissen seine jungen Gäste zu schätzen, die sich im hippen Ambiente des Cafés wohlfühlen, aber auch die Generation über 70. „Das schmeckt ja wie früher", hört Alexander Pleithner oft, wenn am Sonntag seine klassische „Schwarzwälder Kirsch" über den Tresen geht. Neben Apfelkuchen, Schokotorte oder Bienenstich kreiert der Konditor, sobald die sommerliche Hochzeitstortensaison vorüber ist, eigene Rezepte. Dafür lässt er sich Zeit, probiert aus, stimmt ab. Handwerk ist eine Kunst, die zum Ursprünglichen führt und Bewusstheit verlangt.

TIPP *Der Weg zur Toilette ist abenteuerlich. Vorsicht vor Dinosauriern!*

Dieses Konzept findet sich auch in seinem Café. Individuell, fantasievoll und trotzdem unaufwendig hat er es ausgestattet. Es ist sein Ort, seine Identität. Die Gäste lieben es, sitzen auf Palettenbänken, zusammengewürfelten Stühlen oder Sprungfedersesseln. Im Eingangsbereich schmücken ansprechende Fotografien und ein großes Graffiti die unverputzte Wand. Richtig gemütlich kann man es sich im Winter im rückwärtigen Raum machen. Unter vielen Spiegeln und vor einer Bücherwand mit dicken juristischen Wälzern, am besten mit einer dampfenden Trinkschokolade und einer verführerisch glänzenden Nougattorte, darf man Kälte, Dunkelheit und Regen vergessen, darf man Gabel für Gabel den süßen Schmelz genießen.

Will man etwas für zu Hause, kann man ganz individuelle Köstlichkeiten für Geburtstage oder andere Jubiläen mit Herrn Pleithner ausklügeln und diese von ihm backen lassen.

Torten Schmiede, Ludwigstraße 10, 95444 Bayreuth, Tel. (09 21) 16 80 80 31
www.torten-schmiede.de
ÖPNV: Bus 314, Haltestelle Sternplatz

Versuchung in Neongelb

26 *Modell Lucy*

Lucy ist lustig. Lucy trägt ein Korsett. Lucy steht im Weg, und das ist gut so. Denn Lucy lädt ein: zum Anfassen, zum Hindurchsehen und -gehen, zum Verweilen und zum Redenhalten. Lucy ist 1000 Kilo schwer und vier Meter hoch. Sie ist ein neongelbes Tor, durch das Touristen, Bayreuther, Kinder, Erwachsene und sogar Hunde über vier Betonstufen hindurchspazieren können. Die Öffnung führt jedoch nicht wirklich hindurch, sondern auf einen kleinen Balkon, von dem aus man direkt auf das Opernhaus blickt. Dreht man sich um, schaut man wie durch eine Tür in Richtung Festspielhaus. Diese Ausrichtung ist nicht zufällig. Soll sie doch die Verbindung zwischen beiden Orten symbolisieren.

Am schönsten ist Lucy, wenn die Sonne sie zum Strahlen bringt. Schaut man genau hin, kann man einen großen Kronleuchter erkennen, der mittels runder Vertiefungen in die Gießharzplatte eingearbeitet ist. Jetzt ist der richtige Moment, diese Skulptur zu berühren, sich von ihrer glatten Fläche verführen zu lassen und sich an ihrem samtigen und doch transparenten Schimmer zu freuen. Schon manchem lief dabei das Wasser im Mund zusammen, erinnern doch die Farbe und Beschaffenheit des Harzes an die fruchtige Süße von Gummibärchen. Weniger sinnliche Besucher denken vielleicht an „Speakers' Corner" und gönnen sich den Spaß, auf dem Balkon „zum Volk" zu sprechen. In der Regel hört ihnen nur keiner zu, da der Bayreuther, ausgestattet mit der typischen oberfränkischen Souveränität, einfach weitergeht.

TIPP *Lucy gehört zur Bayreuther Skulpturenmeile, die aus neun Kunstwerken besteht. Anschauen lohnt sich!*

Lustig ist Lucy, da sie sich in einem besonders heißen Sommer das Vergnügen gönnte, sich nach vorne zu beugen. So wurde sie zur schiefen Lucy, die sich lange wehrte, wieder gerade zu werden. Nach ihrem Abbau bekam sie im städtischen Bauhof sogar einen Buckel. Schließlich wurde ihr ein Rahmen aus Metall, ein Korsett, angelegt. Jetzt ist ihre Haltung vorbildlich. Stolz steht sie da, prunkt in ihrem Neongelb zusammen mit dem Azurblau des Himmels und lässt sich wieder bestaunen und fotografieren.

○ Modell Lucy, Luitpoldplatz, 95444 Bayreuth
○ ÖPNV: Bus 302, 304, 307, 310, 311, 312, Haltestelle Opernplatz

Zwischen Hühnern speisen

 27 *Culmberger Bergstubn*

Tiere, Natur und gutes Essen, wer das liebt, ist auf dem Sophienberg, den viele Einheimische Culmberg nennen, genau richtig. Südlich von Bayreuth gelegen, gilt er als der Hausberg der Stadt und lädt vor allem an den Wochenenden Ausflügler zu einer Radtour oder idyllischen Wanderung ein. Nachdem ausreichend Parkplätze zur Verfügung stehen, ist die Auffahrt auch mit dem Auto möglich. Am intensivsten ist das Bauernhof-Erlebnis, wenn man den Berg zu Fuß erobert. Kaum biegt der Weg Richtung Hof ab, wird man schon von Hühnern und einem stolzen Hahn begrüßt. Sie scharren, gackern und beobachten genau, wo sich der Wanderer seinen Platz sucht. Dann spazieren sie im Biergarten, der bei schönem Wetter ein Muss ist, umher, als wären sie die Herren des Hofes.

Die Gäste sitzen hier mitten auf dem Bauernhof, hinter sich die romantisch renovierte Bergstubn, vor sich einen Genießerausblick in den Hummelgau, wie man ihn selten hat, und um sich herum Enten mit ihren Küken, eine Katze, die in der Sonne döst, und ein Hund, der den Schatten bevorzugt. Der Wind, der einem um die Nase weht, bringt eine interessante Mischung aus Kuhstallgeruch, Schafwolle und Ziegenmist, gepaart mit verführerischen Düften nach gebratenem Schnitzel, Currywurst auf gebackenen Klößen oder Bauerngeräuchertem, sodass man nicht widerstehen kann, sich eine Portion davon zu bestellen. Trinkt man dann sein kühles Bier, leuchtet das Gold der Getreidefelder in der Ebene noch goldener, begegnet einem das Leben leichter, und man glaubt zu träumen, wenn sich ein langer Gänsehals auf den Biertisch schiebt und den Kopf hebt, um den Gast mit seinem Schnabel zärtlich am Unterarm zu berühren. Die nächste Gans schaut dem Banknachbarn neugierig in den Rucksack, findet nichts, zieht ein Bein hoch und schläft genau da, wo sie steht, ein.

TIPP Den Lammleberkäse oder eine andere Wurstspezialität in Dosen kaufen und zu Hause genießen.

Ein echtes Naturerlebnis, nicht nur für Kinder! Außerdem versüßt Familie Albrecht, die den Hof in der vierten Generation bewirtschaftet, den Gästen den Nachmittag mit selbst gebackenen Torten.

Culmberger Bergstubn, Culmberg 5, 95473 Haag, Tel. (0 92 01) 9 52 57
www.culmberger-bergstubn.de
ÖPNV: Bus 312, Haltestelle Rödensdorf-Siedlung, 2,4 km Fußweg

Weltkulturerbe vis-à-vis

28 *Der Wittelsbacher Brunnen*

Den besten Blick auf das Opernhaus hat man, wenn man auf der Einfassung des gegenüberliegenden Wittelsbacher Brunnens Platz nimmt. Das haben die meisten Touristen schnell erkannt, denn bei warmem Wetter sitzen sie dort wie aufgefädelt. Hinter sich das Plätschern des Wassers, schlecken sie ihr Eis, googeln „Weltkulturerbe Opernhaus" oder betrachten die schönen Steinfiguren, die auf der Brüstung stehen und in den blauen Himmel ragen. Dreht man sich um, wird einem die einmalige Lage dieses Brunnens erst bewusst. Er grenzt an die Stadtmauer, die wiederum von der Schlosskirche und dem dahinterliegenden Schlossturm überragt wird. Hier erlebt der Besucher Kultur pur sowie barocke Architektur auf engstem Raum. Dieses Gespür muss der damalige Stadtrat von Bayreuth auch gehabt haben, denn er gab den Bau dieses Kunstbrunnens 1908 in Auftrag. Zum einen sollte er ein Denkmal für die fertiggestellte Wasserleitung aus dem Fichtelgebirge sein, zum anderen wurde er anlässlich der 100-jährigen Zugehörigkeit Frankens zum Königreich Bayern zu Ehren des Hauses Wittelsbach errichtet. Die Einweihungsfeier sollte 1910 stattfinden, musste jedoch um vier Jahre verschoben werden, weil Streitereien die Ausführung verzögerten.

Bei Sonnenschein marschierten dann 1914, am letzten Friedenstag, Mädchen mit bänderverzierten Stäben und Jungs mit weiß-blauen Fähnchen die Opernstraße hinunter. Tausende kamen zum Festakt und waren in bester Feierlaune.

Ist es nicht Glück, wenn heute die Menschen friedlich vorübergehen, Geschäftsleute mit ihren Rollköfferchen über das Pflaster zum Hotel holpern, Kinder auf der Brunneneinfassung balancieren oder sich Auswärtige in einem Gemisch aus Italienisch, Japanisch und Englisch, auch mit Unterstützung der Hände, verständigen. Im Hintergrund lässt währenddessen ohne Unterlass ein junger Mann, ganz aus Muschelkalk, mit einem Fisch in den Händen, rechts und links ein Ross, Wasser sprudeln. Er steht sinnbildlich für den Roten Main, der durch Bayreuth fließt.

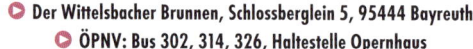

🔵 **Der Wittelsbacher Brunnen, Schlossberglein 5, 95444 Bayreuth**
🔵 **ÖPNV: Bus 302, 314, 326, Haltestelle Opernhaus**

Der Tomatenkönig

29 *Die Gärtnerei Schmidt*

„Tomaten sind mein Leben!" Diesen Satz glaubt man dem Gärtner Jürgen Georg Schmidt sofort, wenn man mit ihm in einem seiner elf Gewächshäuser steht. Zusammen mit seiner Frau und seinem Sohn zieht er bereits in der vierten Generation Blumen und Gemüse. Schon 1928 hatte sein Großvater das Grundstück, das südöstlich vom Hofgarten liegt, gekauft und landwirtschaftlich genutzt. Heute werden außer Tomaten noch Schlangen-, Mini- und Brotzeitgurken, Auberginen, verschiedene Paprika, Bohnen, Zucchini, Salate und Kräuter angebaut. Gleich im Eingangsbereich leuchtet das Gemüse in schönsten Gelb-, Rot- und Grüntönen aus Obstkisten und Körbchen so appetitlich, dass man etwas davon mitnehmen muss.

In Bayreuth ist es bekannt, dass die Gärtnerei Schmidt, die übrigens mittwochs und samstags auch am Wochenmarkt ihre Ware verkauft, die besten Tomaten anbietet. Und das hat gute Gründe: Etwa 4000 Tomatenpflanzen werden aus Samen gezogen und dürfen noch in richtiger Erde wachsen. Geht man mit Jürgen Schmidt durch seine in Reih und Glied wachsenden Tomaten, kann man den feinkrümeligen Boden und die würzigen Stauden riechen. Hier wird noch von Hand ausgegeizt, an Schnüren hochgezogen und Unkraut gehackt. Und gegen Schädlinge wird nicht gespritzt, sondern mit natürlichen Fressfeinden, wie Marienkäfern, vorgegangen. Zum Erlebnisort werden die Gewächshäuser, wenn man plötzlich vor einem Hummelhaus steht und tiefes geschäftiges Brummen hört. Die Tierchen fliegen von Blüte zu Blüte und sammeln eifrig Nektar, um mit schweren Pollenhöschen an den Beinen wieder ins Haus zurückzukehren. Dies ist die perfekte Bestäubung! Schaltet Herr Schmidt noch seine Bewässerungsanlage ein, fühlt sich der Besucher wie in einem sommerlichen Landregen. Wärme, Wasser, saftiges Grün und leuchtendes Rot; am liebsten würde man bleiben.

Schnell noch eine Cookie-Tomate genascht und auf dem Rückweg durch üppig blühende Petunien, Paletten von weißen Geranien, hängenden Erdbeeren und Blumen, Blumen, Blumen spaziert.

● **Gärtnerei Schmidt, Eckenerstraße 11, 95444 Bayreuth, Tel. (09 21) 6 17 06**
www.gaertnerei-schmidt-bayreuth.de
● **ÖPNV: Bus 304, Haltestelle Hofgarten**

In luftigen Höhen

 30 *Die Turmbrücke der Stadtkirche*

Ein Sehnsuchtsort ist die höchste Brücke von Bayreuth. Sie schwingt sich von einem Glockenturm zum anderen. Besonders schön schimmert sie bei Sonnenuntergang im Abendlicht, vor strahlend blauem Himmel oder vor dickem Gewölk.

Und immer wieder berührt sie uns in ihrer Einzigartigkeit. Denn sie ziert in luftigen Höhen das Wahrzeichen unserer Stadt: die Stadtkirche. Als größte Kirche im spätgotischen Stil gebaut, liegt sie mitten in der historischen Innenstadt und überragt alle umliegenden Gebäude um ein Mehrfaches. Selbst ortsunkundige Besucher können sie nicht verfehlen. Dicht um sie herum drängen sich prachtvolle Burggüter, sogenannte Freihäuser, die in der Vergangenheit von Adelsfamilien bewohnt wurden, aber auch das kleinste Haus der Stadt, das Schwindsuchthäuschen, das seinem Namen alle Ehre macht.

Wer würde nicht gerne einmal einen Blick von ganz oben auf den idyllischen Kirchplatz werfen, auf den Siechenhausbrunnen, der selbstvergessen vor sich hinplätschert, auf die alten Ziegeldächer der Stadtwaage

TIPP *Turmführungen finden zwischen April und Oktober statt. Individuelle Anfragen an das Pfarramt.*

und des Historischen Museums. Beinahe glaubt man sich ins Mittelalter versetzt. Damals war die Turmbrücke aus weniger stabilem Holz gebaut und wurde 1668 von einem steinernen Bau ersetzt.

Zu Zeiten Richard Wagners sollen auf ihr sogar Gaukler und Seiltänzerfamilien ihre Kunststücke vorgeführt haben.

Für mutige und schwindelfreie Touristen lohnt sich der Aufstieg hinauf in den Nordturm, der die Wohnung des ehemaligen Stadttürmers beherbergt. In einer kleinen Kammer der Glockenstube war er bis 1932 dafür zuständig, die Stadt vor Gefahren, vor allem vor Feuersbrünsten, zu warnen. Möchte man noch mehr sehen, kann man hinüber zum anderen Turm schlendern, die reine fränkische Luft schnuppern und dabei Freiheit und Leichtigkeit über den Dächern der Innenstadt genießen.

Apropos frische Luft: Der Türmer durfte seinen wichtigen Posten nur alle 14 Tage verlassen, um ein reinigendes Bad zu nehmen.

◗ **Stadtkirche Bayreuth Heilig Dreifaltigkeit, Kirchplatz 1, 95444 Bayreuth**
◗ **ÖPNV: Bus 306, 314, 315, Haltestelle Stadtkirche**

Abendstimmung

31 Die Wilhelminenaue

Wer den eindrucksvollsten Sonnenuntergang Bayreuths erleben will, sollte in den Abendstunden in die Wilhelminenaue gehen. Erfahrene Sonnenuntergangsbetrachter rüsten sich mit einer Flasche Rotwein, gutem Käse und einem knusprigen Baguette aus. Die Flussaue, die zwischen Innenstadt und Eremitage liegt, wurde 2016 im Zuge der Landesgartenschau renaturiert. Seither schlängelt sich der Rote Main durch die naturnahen Wiesen des jungen Landschaftsparks. Es ist ein Naherholungsgelände entstanden, das für sportlich Begeisterte genauso wie für Naturliebhaber und Kulturinteressierte eine Menge zu bieten hat. Läuft man den Hauptweg entlang, der am südlichen Eingang beginnt, wird man bald von Joggern, Radfahrern, aber auch von rüstigen Damen mit Walkingstöcken überholt. Auf den Landschaftskabinetten, großen Aussichtsplattformen, die sich wie Nasen in die Aue schieben, hört man das dumpfe „Fußballkickgeräusch" und das Lachen junger Menschen.

Und schon taucht er auf, der Kulturkiosk zur Seebühne. Er verführt die Besucher ohne Rotweinausrüstung zu einem Biergartenbesuch und bietet ihnen dazu den schönsten Platz mit Blick auf den See und den Sonnenuntergang. Ganz gleich, ob man sein kühles Hefeweizen trinkt und sich im Liegestuhl ausstreckt oder ob man etwas weiter unten in der Wiese sein Baguette teilt, das Genießen der „blauen Stunde" ist ein Gemeinschaftserlebnis. Die Wolken werden abendrot und schwer, die Sonne sinkt in die Wipfel der Bäume, die ersten Feldhasen trauen sich aus ihrem Versteck, während Enten wie kleine Vergnügungsdampfer über das Wasser schippern.

TIPP *Auf dem Sportkabinett kann man die größte dreidimensionale Kletteranlage Deutschlands erproben.*

Als wären sie Silhouetten, üben ein paar Sportler in der Dämmerung Tai Chi. Die Luft wird kühl und erdig, die Enten stellen ihr Quaken ein, auf dem Beachvolleyballfeld wird es still. Jetzt ist der große orangefarbene Sonnenball versunken. Die letzten Gäste kuscheln sich in ihre Jacken und plaudern noch ein wenig mit Cornelius Sturm, dem Pächter des Kulturkiosks, der sich schon auf das nächste Musikfestival freut.

● **Die Wilhelminenaue, Äußere Badstraße, 95448 Bayreuth**
● **ÖPNV: Bus 302, Haltestelle Volksfestplatz oder Allensteiner Ring**

Im Schoß des Obsidians

 Die Matthias-Claudius-Kapelle

Wenn in Bayreuth die Wolken tief hängen und die Straßen regennass schillern, gibt es einen Ort, der ein wahrer Glücksort für die Seele und das Gemüt ist. Im Nordwesten der Stadt steht eine Kapelle, die sogar bei schlechtem Wetter den Glanz eines riesigen Obsidians übertrifft. Wie ein schwarzer Schiffsbug, in dem sich die umliegenden Häuser und Bäume spiegeln, ruht sie inmitten einer Grasfläche gleich neben dem Seniorenheim, mit dem sie durch einen Glasgang verbunden ist. 2005 erbaut, lädt sie jeden ein, der sich von eleganter Schlichtheit und klaren, ästhetischen Formen ansprechen lässt. Betritt der Besucher die Kapelle, überrascht ihn der Wechsel von Dunkel nach Hell. Im Innenraum ist die komplette Verglasung des Gebäudes in einem milchigen Weiß gehalten, nur von einigen Fensterreihen unterbrochen, durch die Baumwipfel und der Himmel zu sehen sind. Alles hier ist freundlich, friedlich und beruhigend. Man fühlt sich augenblicklich geborgen, ja umarmt, sodass es einem leichtfällt, die Sorgen des Alltags loszulassen. Da die Ausstattung auf das Wesentliche begrenzt ist und nichts ablenkt, hat diese Kapelle fast einen me-

TIPP *Im Glasgang sind zwei weitere Kunstwerke von Walter Green zu bewundern.*

ditativen Charakter. Stahlstreben, grobe Betonwände, die wie naturbelassen wirken, glatte Betonsäulen im Zusammenspiel mit Steinplatten, einem Taufbecken, der Kanzel und dem Altar aus Buntsandstein sowie eine einfache Holzorgel lösen beim Besucher ein Gefühl der Vollkommenheit aus. Hier bin ich richtig, hier ist alles gut.

In Anlehnung an den Dichter Matthias Claudius, der Lyrik in der „Epoche der Empfindsamkeit" geschrieben hat, kann man sich von dem Kreuz, das scheinbar im Raum schwebt, sinnlich berühren lassen. Es ist ein imponierendes Holzkunstwerk aus alten Eichenbohlen, das von Walter Green geschaffen wurde.

So ruhig und friedlich die Kapelle ihre Gäste aufnimmt, so lebendig kann sie auch sein. Hier werden nicht nur Konzerte und Veranstaltungen angeboten, sondern auch regelmäßig Andachten, die die Bewohner des Seniorenheims gerne besuchen.

⊙ **Matthias-Claudius-Kapelle, Geschwister-Scholl-Platz 1, 95445 Bayreuth**
⊙ **ÖPNV: Bus 306, Haltestelle Geschwister-Scholl-Platz**

Ausnahmslos Genuss

33 *Die Rotmainhalle*

Der Bayreuther liebt seine Rotmainhalle über alles. Für sie hat er sich in zwei Bürgerinitiativen leidenschaftlich eingesetzt. 1991 im sogenannten Protest der Gärtner, die 5689 Unterschriften gegen die Abrisspläne der Halle im Zuge des Rotmain-Center-Baus gesammelt hatten. Einige Jahre später wurde die Halle vom Stadtrat als Ersatzspielstätte für die Zeit der Stadthallensanierung vorgeschlagen. Wieder stimmten die Bürger dagegen.

Heute findet jeden Mittwoch und Samstag der Wochenmarkt in unserer Halle statt, die frisch renoviert am Rande der Innenstadt liegt. Von außen betrachtet, wirkt sie unscheinbar. Erst wenn man um die Ecke biegt, vor dem Haupteingang steht und nach oben schaut, erkennt man eine eindrucksvolle Fassadenmalerei, die Bauern und Marktbeschicker darstellt sowie das Erbauungsjahr 1935 angibt. Gehen wir weiter, treten wir durch die Schwingtüren mit wunderbar gedrechselten Holzgriffen, ignorieren die Menschenströme, halten inne und atmen ein, schauen uns um, hören zu. Die Markthalle ist eine Welt für sich. Hier bleibt die Zeit stehen.

Man wird begrüßt von orientalisch duftenden Gewürzen, von mit Wacholderholz geräuchertem Schinken und dem Geruch von frischem Brot. Aufgeschnittene Äpfel laden zum Naschen ein, feine Käsescheiben werden dem Besucher zum Knabbern gereicht. Wer möchte, kann sich ausnahmsweise schon am Vormittag von einem Gläschen fruchtigen Frankenwein verführen lassen.

Die Marktbeschicker sind stolz auf ihre Produkte, und auf vielen Schildern ist die Auszeichnung „fränkisch" zu lesen. Besonders begehrt sind Fleischspezialitäten wie Zicklein, Perlhuhn und Hirschkalbsteaks. Wen als Vegetarier auch der Graskarpfen nicht überzeugt, der lädt seinen Korb mit knackigem Salat, Möhren und Radieschen voll.

Kurz vor dem Ausgang lockt ein Stand mit frisch gebrühtem Kaffee aus einer fränkischen Kaffeerösterei. Wer Lust auf eine aromatische Stärkung hat, sollte sich ein Tässchen gönnen. Spätestens jetzt versteht man die Bezeichnung „Genussregion Oberfranken".

- -

⊙ Rotmainhalle, Hindenburgstraße 1, 95445 Bayreuth
⊙ ÖPNV: Bus 301, 313, 378, 8354, Haltestelle Rotmainhalle

Wandeln unter Laternen

34 *Die Friedrichstraße*

Es ist ein erhebendes Erlebnis, wenn man sich an das südliche Ende der Fußgängerzone stellt, in die Friedrichstraße schaut und auf den Einbruch der Dämmerung wartet. Noch leuchten die Sandsteinfassaden mal heller, mal dunkler in der blauen Stunde, strahlen die großen Holztüren der Palais ein warmes Licht ab und laden uns die prachtvollen Fassaden und Säulen zum Näherkommen ein. Der Bayreuther Nachtschwärmer kennt diesen Moment. Man muss Geduld haben. Jetzt! Flackernd tastet sich das Laternenlicht in die barocke Prachtstraße. Doppellampen, die an Gaslichter erinnern, reihen sich an der geradlinig verlaufenden Straße. Es entstehen eine räumliche Tiefe und ein altmodischer Schimmer, der den Besucher glauben lässt, er befinde sich auf einer Zeitreise. Verstärkt wird dieser Eindruck durch das holprige Kopfsteinpflaster und durch offene Kellerfenster mit Blick in Steingewölbe oder die schön geschnitzten Holzgauben weit oben auf den Dächern.

Markgraf Friedrich ließ diese Straße 1732 erbauen. Sie sollte ursprünglich bis zum Schloss Thiergarten führen, das außerhalb der Stadt liegt.

Macht man sich auf den Weg, fällt einem besonders das Ellrodtsche Palais auf, das sich durch üppigen Fassadenschmuck und Sandsteinfiguren auszeichnet. Im Licht der Laternen scheinen sich diese ein klein wenig zu bewegen. Für den literaturinteressierten Touristen sind die beiden Wohnhäuser Jean Pauls berührend. Unbedingt erkunden in der Dämmerung muss man die ehemalige Postei, die an den Jean-Paul-Platz grenzt. Geht man durch das Tor, betritt man einen ersten und dann einen zweiten Hinterhof mit Großstadtcharaktercharme: winzige Fenster, vor denen Blumen leuchten, Kochgeräusche und Essensdüfte, die unsere Sinne erfreuen und unseren Magen knurren lassen. Wie ein nächtlicher Traum kommt uns das große Gemälde, das eine königlich-bayerische Postkutsche mit zwei Pferden zeigt, an einer Wand vor. 1742 wurde hier übrigens die erste Bayreuther Universität gegründet. Sie bestand nur etwas länger als ein Jahr.

● Friedrichstraße, 95444 Bayreuth
● ÖPNV: Bus 306, 314, 315, Haltestelle Stadthalle

Aufgemerkt

35 *Der Campus*

Die Universität tut der Stadt gut. War Bayreuth bis 1975 ein schönes, kulturell interessantes, aber verschlafenes Städtchen, so wachgerüttelt, bereichert und aufgewertet wird es seither durch die mittlerweile 13.500 Studierenden. Neue Kneipen, alternative Cafés und Lokale, individuelle Läden, aber auch Musikveranstaltungen sowie das Afrika-Karibik-Festival beleben die Innenstadt. Und obwohl die junge Universität eine Campusuniversität ist, sieht man lernende, Frisbee spielende oder einfach chillende Studentinnen und Studenten im Hofgarten wie in der Fußgängerzone. Der Bayreuther hat sich an die bunte und kulturell vielfältige Aufwertung gewöhnt und profitiert von ihr.

Vom Campus, dem Herzen der Universität, profitieren alle. Der Besucher kann durch eine parkähnliche Anlage, am südlichen Stadtrand gelegen, spazieren, in der man auf spannende Kunstwerke wie den rostigen Kopf, die Edelstahlfiguren oder auf Gebäude wie das Audimax, das eher an Freizeit statt an Forschen und Lehren erinnert, trifft. Ein schilfdurchzogener See, Sitztreppen, die aus einem römischen Amphitheater sein

TIPP Ein tolles Livemusik-Programm gibt es im Glashaus, betrieben von Studenten und Mitarbeitern.

könnten, weitläufige Grasflächen, sogar Kirschbäume spenden Freude am Hiersein, am Wolkenbetrachten und an der Entspanntheit, die man auf dem Gelände spürt.

Das Herz des Campus wiederum ist das Rondell. Eine kreisrunde, etwas abgesenkte Fläche, umgeben von einer Baumallee und durchzogen von neun Durchfahrten, die vor allem von Radfahrern genutzt werden, lädt alle ein, sich auf großen roten, blauen und gelben Liegen niederzulassen und sich wohlzufühlen. Man sieht junge Menschen in Grüppchen, in Bewegung, oft mit einer Kaffeetasse in der Hand, in Ruhe und im Gespräch. Plappern, Lachen, Gemurmel und verschiedene Sprachen lassen ein herrlich geborgenes Gefühl entstehen, wenn man sich dem Treiben überlässt.

Umso interessanter ist es, dass in dieser Umgebung Höchstleistungen erbracht werden. In Forschung, Lehre und Wissenschaft liegt Bayreuth bei den Rankings häufig weit vorne.

⊙ Universität Bayreuth, Universitätsstraße 30, 95447 Bayreuth
www.uni-bayreuth.de
⊙ ÖPNV: Bus 304, 306, 316, Haltestellen Mensa, Univerwaltung, Geowissenschaften

Einfach durchgehen

36 *Die Stadtmauer*

Wie viele andere Städte auch hatte Bayreuth eine Befestigungsmauer, die den alten Stadtkern, den intra muros, umschloss. Im Laufe der Jahrhunderte wuchs die Stadt, an den beiden Toren entstanden Engpässe, und so wurde die Mauer bis auf wenige Stellen abgebaut. Am Hohenzollernring ist sie in ihrer ursprünglichen Form gut erhalten und birgt für den Besucher einige Überraschungen. Der schönste Weg führt vom Marktplatz durch die Frauengasse, die, wie ihr Name sagt, Frauenhäuser, die käufliche Liebe anboten, beherbergte. Markgraf Kasimir von Brandenburg befahl der Stadtverwaltung sogar, ein solches Haus fest zu etablieren.

Heute ist das Sträßchen friedlich und verschlafen, die alte Bausubstanz zum Teil in attraktive moderne Wohnungen umgewandelt oder in ihrem historischen Erscheinungsbild erhalten. Geht man bis an die Stadtmauer, steht man vor einem kleinen Haus, das in die Befestigung hineingebaut ist. Es gleicht einem Schmuckkästchen, wie es eingerahmt wird vom Flieder, einem Rosenbusch und dem liebevollen Blumenarrangement seiner Bewohner. Ein Stuhl, ein Tisch, eine Bank – ein richtiges Wohlfühleck zum Durchatmen und Bei-sich-Sein.

TIPP *Verborgen im dichten Gebüsch, kann man direkt an der Stadtmauer ein winziges altes Haus entdecken.*

Verlässt man diesen idyllischen Platz, kann man links am Haus durch die Stadtmauer hindurchgehen. Jetzt erst wird einem die Größe dieser Anlage bewusst. Gewölbte Außenwände, Stützmauern und eine enorme Höhe müssen in der Vergangenheit den Einwohnern Bayreuths ein Gefühl der Sicherheit und des Schutzes gegeben haben. Läuft der Besucher an diesem Wall entlang, stößt er auf Geheimnisse, wie zugemauerte Fenster und Türen, von Efeu umrankt. Verbargen sich dahinter Wohnungen oder Lagerräume, oder ging man nur hindurch? Ein paar Schritte weiter leuchtet einem bei Nacht eine Laterne, die so schön und romantisch mit der Mauer verbunden ist, dass man sich fast ein wenig für beide freut. Würden auf dem Hohenzollernring anstelle von Autos Kutschen vorüberfahren, wäre der Glücksort perfekt.

Realisten könnten sagen: „Gut, dass man hier etwas sieht!"

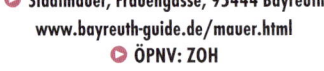

Stadtmauer, Frauengasse, 95444 Bayreuth
www.bayreuth-guide.de/mauer.html
ÖPNV: ZOH

Brotzeit und Mahlzeit

37 *Das Bratwursthäuschen*

Der Oberfranke kann sich ein Leben ohne Bratwurst nicht vorstellen. Es soll sogar Vegetarier geben, die bei diesem fränkischen Nationalgericht nicht Nein sagen können. Zubereitet wird der Wurstklassiker auf vier verschiedene Arten: Im Wirtshaus isst man entweder drei Bratwürste mit Sauerkraut und Schwarzbrot, oder man wählt die „Blauen Zipfel". Das sind Bratwürste, die in einem Essigsud und Zwiebeln gegart werden. Auch dazu reicht der Wirt frisches Bauernbrot, mit dem der Gast seine Brühe „aufdudschen" kann. Rohe Bratwürste, deren Brät aus der Pelle „gezuzelt" wird, kann man sich beim Metzger kaufen.

Die letzte und vermutlich beliebteste Variante ist ein Paar „Bradwörschd im Labla mit Semft". Damit sieht man in der Mittagszeit in Bayreuth Alt wie Jung, Einheimische wie Fremde herumlaufen, stehen oder sitzen. Gemeinsam ist allen Variationen, dass die Wurst mit feinem Häck gefüllt und ungebrüht ist. „Das macht den guten Geschmack!", betont Martin, der mit seinem Kollegen Klaus täglich die längste Schlange in der Stadt vor dem Bratwursthäuschen in der Richard-Wagner-Straße vorweisen

TIPP *Es gibt nur ein Wort in Bayreuth, das mit einem harten Konsonanten endet: Semft. Einfach aussprechen.*

kann. Die Bude, die es seit 45 Jahren gibt, ist eine feste Institution. Die beiden Herren bedienen auf einer Fläche von neun Quadratmetern Kundschaft aus der ganzen Welt. Berliner, die in den Süden reisen, legen einen Zwischenstopp ein, um sich ihre Bradwörschd zu holen. Ehemalige Bayreuther kommen vorbei, und Touristen, die einmal probiert haben, werden zu Wiederholungstätern.

Was ist das Geheimnis? Der Duft, denn Bayreuther Bratwürste werden auf geschmacksneutralem Gas gegrillt, die Qualität, denn die Würste kommen aus einer kleinen Metzgerei, die Freundlichkeit und der Witz von Martin und Klaus, denn sie lieben ihre Kundschaft und kennen alle. Und schließlich die fantasievolle Anpreisung dieser fränkischen Leibspeise. Steht man in der Warteschlange, kann man auf einer Banderole „unsarawörschdlaschmecknfeiimma" lesen und über famose Bilder und Sprüche lachen. Ein echtes Wurstpanoptikum!

> ▸ Bratwursthäuschen, Richard-Wagner-Straße 8, 95444 Bayreuth
> www.yelp.de/biz/bratwursthäuschen-bayreuth/
> ▸ ÖPNV: Bus 314, Haltestelle Sternplatz

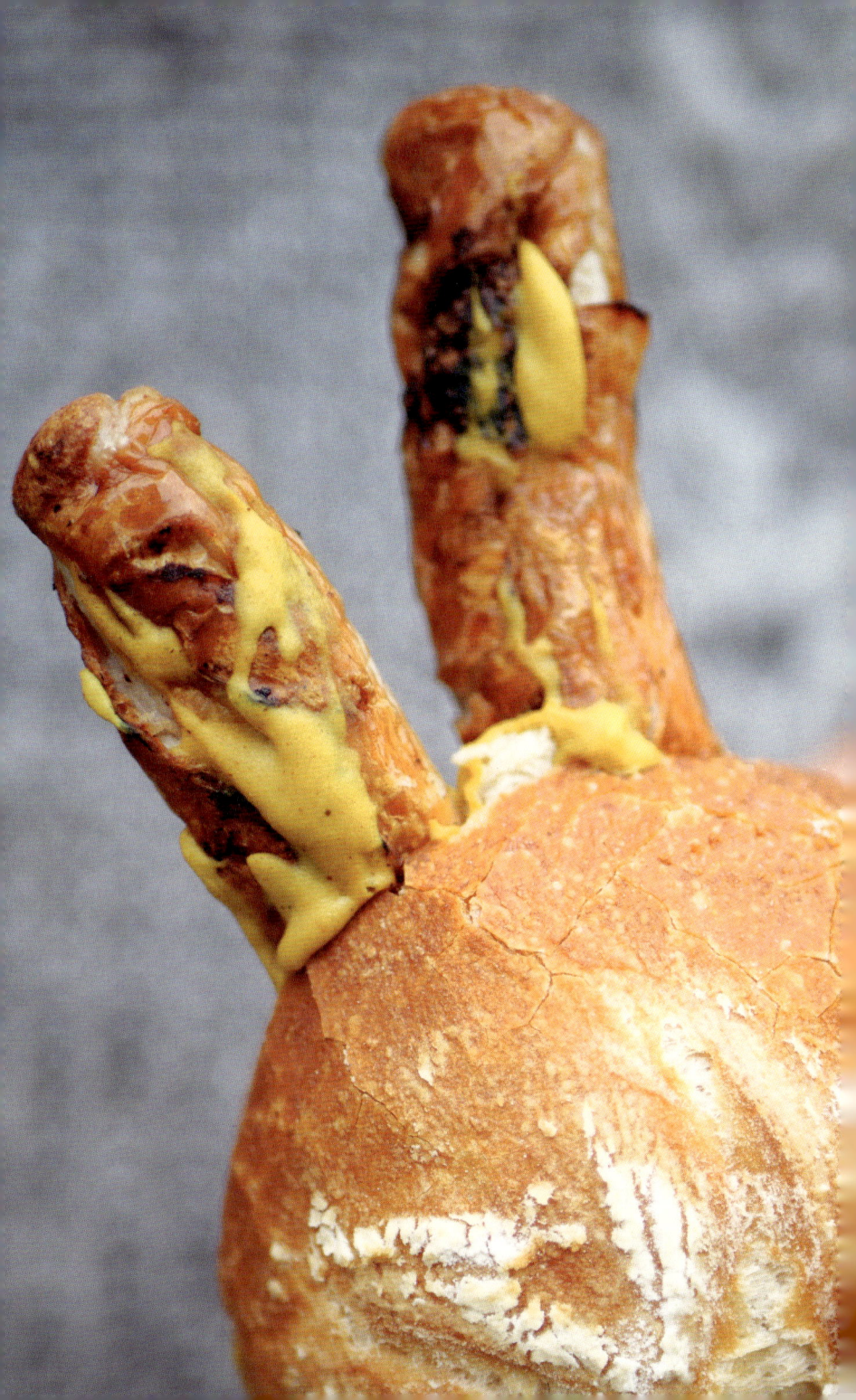

Ware in Bewegung

 38 *Kaufhaus Regenbogen*

Hier ist der Name Programm: Regenbogen! Das Kaufhaus ist bunt, lebendig, unkonventionell, und es bringt Sonne in das Leben vieler Menschen. Im Industriegebiet Bayreuth, in einer Seitenstraße, finden alle, die etwas geben möchten, etwas brauchen oder nur stöbern wollen, ihren Glücksort. Wirkt das Geschäft von außen sachlich, bietet es dem Besucher innen eine riesige Auswahl an Artikeln. Täglich wird neue Ware präsentiert. Angefangen von Möbeln, wie der Plüschcouch, auf der man sich am liebsten ausstrecken möchte, oder dem Küchenbuffet hin zu Übertöpfen, die nach Größe und Farbe sortiert sind, findet man Kunstblumen, Stoffe, Spielzeug, Gläser, Geschirr, Kerzenständer, Wasserpfeifen, Schneckenpfannen und Fahrräder. Hier gibt es nichts, was es nicht gibt! Im nächsten Raum entdeckt man, ebenfalls farblich geordnet, Kleidung, aber auch Hüte und Mützen, Handtaschen und Schuhe, Schmuck und Schals und … Weiter geht es mit Büchern aus allen Sparten, mit CDs und sogar Schallplatten. Und ständig fahren Beschäftigte neue Anlieferungen auf den Hof. Täglich wird über eine Tonne an Spenden angenommen. Die Bayreuther kennen „ihr Kaufhaus" und wissen, dass ihre Sachen hier gut aufgehoben sind. Hin und wieder kommen sogar Kinder, die mit leuchtenden Augen ihre Puppe abgeben, um einem anderen Kind eine Freude zu machen. Ebenfalls mit leuchtenden Augen verlassen Kuriositätensammler das Haus, die eine Zither oder eine handgefertigte Lederhose erstanden haben. Die nächste Gruppe glücklicher Menschen sind die Stammkunden. Man trifft sich, trinkt einen Kaffee zusammen und fühlt sich willkommen. Viele von ihnen bringen eine Kostbarkeit mit, um dafür eine andere zu erwerben.

TIPP Eine selbst gestrickte Decke der Strickdamen erwerben, die sich einmal in der Woche im Haus treffen.

Es fällt auf, dass im Kaufhaus Regenbogen nicht nur eine gute Stimmung herrscht, sondern auch alle Waren mit Liebe eingeräumt sind. Das liegt an der Geschäftsführerin Rita Hagen, die u. a. Mitarbeiter als Arbeitsgelegenheit vom Jobcenter vermittelt bekommt und ihnen eine Aufgabe gibt, die auch sie glücklich macht.

Kaufhaus Regenbogen, Ottostraße 1, 95448 Bayreuth, Tel. (09 21) 1 50 14 20
www.werkhof-regenbogen.de
ÖPNV: Bus 328, 330, Haltestelle Weiherstraße I

Himmel oder Hölle

 39 *Das Teufelsloch*

Das Teufelsloch ist trotz seines an Schwefelgestank und Pferdefuß erinnernden Namens ein wildromantischer Ort, der schon seit dem 19. Jahrhundert von der Bayreuther Stadt- und Landbevölkerung geliebt und häufig aufgesucht wurde. Sogar Richard Wagner soll mehrfach hindurchgelaufen sein, natürlich nicht, ohne in der nahe gelegenen Waldhütte ein Bier getrunken zu haben. Doch was verbirgt sich hinter diesem ungewöhnlichen Wort? In der Geologie werden besondere Formen der Erdoberfläche als Teufelsloch bezeichnet, zum Beispiel Höhlen oder wie in diesem Fall: Schluchten.

Nordwestlich von Bayreuth, gleich hinter dem malerischen Dorf Oberwaiz, gräbt sich die tiefe Schlucht in eine typisch fränkische Landschaft mit Mischwald, Feldern und sanften Hügeln. Man ist überrascht, wie unvermittelt steil es direkt an der Teufelsbrücke bergab geht. Wanderer, die hier unterwegs sind, tragen festes Schuhwerk, denn in diesem Naturschutzgebiet geht es wahrhaft archaisch zu. Haushohe Steinfelsen, zerklüftet und mit Moos überzogen, gleich zu Beginn ein Wasserfall, umgestürzte Bäume und ein schmaler Pfad machen diesen Weg zum echten Naturerlebnis.

TIPP *Im Winter verwandeln sich die Wasserfälle in fantastische Eisvorhänge.*

Wer nicht so trittsicher ist, hält sich an Holzhandläufen fest, die nichts anderes als dicke Äste sind. Immer wieder überquert man den Bach, der über Jahrtausende diese bizarre Felsschlucht herausgespült hat. Fachkundige können in die Erdgeschichte eintauchen und Millionen Jahre alte Spuren von Leben entdecken.

Wer die Verträumtheit dieses Tals spüren möchte, genießt das Licht, das durch Gräser und Farne schimmert, kleine Sonneninseln bildet und sich in Tümpeln spiegelt. Hinter Felsen entdeckt man Sauerkleeteppiche, Baumschwammkolonien oder den seltenen Tannenbärlapp. Aber auch das Wunder, dass aus Altem Neues entsteht, macht den Betrachter glücklich. Überall sprießen kleine, feine Baumschösslinge aus morschem Totholz. Nach etwa einem Kilometer öffnet sich der enge Pfad, der eine wahre Naturfundgrube ist, in einen bequemen Wanderweg.

⊙ Teufelsloch, 95488 Eckersdorf-Oberwaiz
www.eckersdorf.de, Tourismus, Rad- und Wanderwege
⊙ ÖPNV: Bus 373, 376 bis Eckersdorf, Haltestelle Oberwaiz Am Schnapper, 1,6 km Fußweg

Einmal Luftschiffer sein

 Im Garten des Jean-Paul-Museums

Es gibt wohl kaum einen Touristen in Bayreuth, der nicht Richard Wagner und seine Villa Wahnfried, das dazugehörige Museum oder das Franz-Liszt-Museum kennt. Auf dem Weg dorthin geht man aber erst am Jean-Paul-Museum vorbei und sieht hinter Kirschlorbeerbüschen etwas auftauchen, das an einen Heißluftballon erinnert: Ballon – eine Skulptur für Jean Paul. Es lohnt sich, dort zu verweilen, bevor man die anderen Sehenswürdigkeiten aufsucht. Auf einem Platz, der das Flair eines Mini-Parks hat, ist nicht ganz in der Mitte ein neun Meter hohes Ding verankert, das nach oben strebt, als ob es sich bewegen und befreien möchte. Von einer niedrigen Buchsbaumhecke umrundet und von Kletterrosen umrankt, wirkt dieser Ort auf jeden, der sich ihm nähert, wie ein Kraftort. Etwas ganz Besonderes, das man nicht in Worte fassen kann, entströmt diesem Platz. Der Besucher kann ein paar Schritte zurückgehen und sich auf eine in Stein gehauene Bank setzen, um aus einer anderen Perspektive das luftige Netz zu bestaunen. Und wieder zieht es einen unwillkürlich nach oben. Nicht nur mit dem Blick, sondern auch mit den

TIPP Ein Besuch im Jean-Paul-Museum lohnt sich nicht nur für Fans.

Gedanken und Gefühlen. Dieses Kunstwerk aus weiß gestrichenen Edelstahlrohren wurde zum 250. Geburtstag Jean-Pauls, einem der bekanntesten Dichter seiner Zeit, in der Außenanlage des Museums aufgestellt. Es ist luft- und blickdurchlässig wie ein Netz. Man atmet, wenn man es betrachtet, Freiheitsluft. Schließt man die Augen, hört man das feine Vogelgezwitscher und könnte sich selbstvergessen in den Himmel träumen. Jede Hektik, aller Stress fällt von einem ab. Dies ist ein Glücksort für jeden Touristen, der zur Ruhe kommen möchte.

Tatsächlich nimmt die Künstlergruppe „inges idee" Bezug auf einen Reisebericht Jean Pauls „Des Luftschiffers Giannozzo Seebuch". Dieser Giannozzo macht nichts anderes als wir: Er entflieht der Welt, dem Trubel, dem Alltäglichen. Allerdings lässt Jean Paul seinen Protagonisten auch schimpfen, zetern, hadern und streiten. Das ersparen wir uns und genießen diesen wunderbaren Augenblick.

● Garten des Jean-Paul-Museums, Wahnfriedstraße 1, 95444 Bayreuth
● ÖPNV: Bus 302, 307, Haltestelle Wahnfried

Herr Waigel lässt grüßen

 41 *Café Kraftraum*

Gmaatsch oder Ruhepuls? Herr Waigel, Stöckelschuh oder doch lieber Frau Schiffer auf den Teller? Dazu einen „Insel der Sinne"-Tee oder einen Cappucao mit Zimt, Kardamom und Sahne? Im Tages- und Nachtcafé Kraftraum hat der Gast die Qual der Wahl. Soll er sich bei den köstlich zubereiteten vegetarischen und veganen Gerichten nach deren fantasievollen Namen oder nach deren Zutaten entscheiden? Beides ist verlockend, und beide Male macht er nichts verkehrt.

Im Zentrum der Fußgängerzone finden alle, die sich von frühmorgens bis spät in die Nacht gut bewirtet und ausgesprochen gemütlich und originell aufgehoben fühlen wollen, den richtigen Platz. An diesem charmanten Eckhaus kann man nicht vorübergehen. Schon an den großen Fenstern sieht man Junge wie Alte entspannt auf Kissen sitzen, erkennt eine lebendige und bunte Einrichtung. Im Inneren überrascht ein gelungenes Sammelsurium aus den 50er-Jahren mit Kultigem, Kitsch und Kunst. Hat man einen Platz gefunden, muss man sich einfach umschauen. Da hängen lila glitzernde Hirschköpfe an der Wand, Zwerge wetteifern

TIPP Immer sonntags gibt es die Nachrichten und danach gemeinsames Tatort-Gucken.

mit Hirschgeweihkleiderhaken, einer Pudelstatue, die Zigarette raucht, und Tapeten mit Mustern, die man nur noch aus alten Filmen kennt. Ähnlich kurios sind die Lüftungsrohre und Leitungen, die knapp unter der stuckverzierten Decke durch den Raum verlaufen. Sie stören nicht, im Gegenteil, sie schaffen Struktur und Industrieflair. Getoppt werden sie allerdings von den orangefarbenen Retrolampen.

Das Café mit einer „Ich möchte den ganzen Tag bleiben"-Atmosphäre ist sehr gut besucht. Viele kommen, um das immer frisch zubereitete Essen zu genießen. Der Wirt Benjamin Wiggenhauser bietet regionale und saisonale Produkte an. Man isst hier wirklich gesund, denn die Küche verwendet keine gentechnisch veränderten Nahrungsmittel, keine Zusatz- oder Aromastoffe. Auch die Kinder werden glücklich gemacht. Bestellen sie: „Ich mag keine Sauce!" können sie Spaghetti, die vom netten Personal serviert werden, einfach nur mit Butter verspeisen.

Café Kraftraum, Sophienstraße 16, 95444 Bayreuth, Tel. (09 21) 8 00 25 15
www.cafe-kraftraum.de
ÖPNV: Bus 314, Haltestelle Stadtkirche

Gewesene Zeit

 42 *Das Ruinentheater in der Eremitage*

Am schönsten präsentiert sich das Ruinentheater in den Frühlingsmonaten, wenn die Blätter der großen Bäume hellgrün knospen und die Sonne sanft auf den Sandstein scheint. Mit etwas Glück kann man Schauspieler des Bayreuther Theaters Studiobühne proben sehen, die ab Ende Mai dort ihr Sommerprogramm aufführen. Dann wird dieser sonst ruhige, fast mystische Ort bunt und lebendig. Die ganze Anlage wird bespielt. Vom Zuschauerraum aus führen hohe Steinstufen auf die Ruine. Diese besteht aus fünf hintereinander gebauten Steinbögen. Seitlich geöffnet, können die Schauspieler durch sie hindurch verschwinden, aber auch plötzlich wieder auftauchen. Für den Regisseur bieten sich vielfältige Möglichkeiten, Kultur inmitten von Natur und ungewöhnlicher Architektur zu verwirklichen.

Dieses Bauwerk gehört zu einer einzigartigen Parkanlage, der Eremitage, am östlichen Rand von Bayreuth gelegen, die unter dem Markgrafenpaar Friedrich und seiner Frau Wilhelmine so ausgebaut wurde, wie wir sie heute kennen. Die Markgräfin selbst hat das Theater 1743 als künstliche Ruine geplant. An der Vorderfront sind zwischen Säulen verschiedene Ornamente schräg gegeneinandergestellt.

TIPP *Eine Aufführung aus dem Sommerprogramm der Studiobühne besuchen.*

Um den antiken Eindruck zu verstärken, wurden die Steinblöcke an den Seiten versetzt gemauert. Zwischen den unverputzten Fugen spitzen Blumen und Steinbrech hervor. Wenn sich der Besucher an einen der Sandsteinbögen lehnt und ihm der warme Wind um die Nase weht, fehlt nicht viel, und er könnte meinen, in Italien zu sein. Lustwandeln, Verstecken spielen, sich necken und herumtollen, alles ist erlaubt und war von der Markgräfin mit Sicherheit so gewollt. Doch auch Tiefgründigere unter uns kommen auf ihre Kosten: Die Ruine als Gleichnis einer vergänglichen Welt, der kultivierten wie der ungezähmten Natur im Wechsel der Jahreszeiten ausgesetzt, ist ein reizvolles Thema. Wer seine Seele an diesem Kraftort ausreichend gestärkt hat, kann sich aufmachen und noch all die anderen Kostbarkeiten dieses Parks erkunden.

Ruinentheater, Eremitagestraße 1, 95448 Bayreuth
www.schloesser.bayern.de
ÖPNV: Bus 302, 303, Haltestelle Eremitage, Parkplatz Eremitage

Plauderstündchen

43 *Die Bänke vor der Spitalkirche*

Dem Bayreuther wird immer wieder nachgesagt, er sei etwas „maulfaul". Wer sich vom Gegenteil überzeugen möchte, macht es sich am besten auf einer der beiden Holzbänke direkt vor der Spitalkirche am unteren Marktplatz bequem.

Schon die Bänke selbst sind ein Innehalten wert. Aus glattem, dunklem Holz gebaut, schwingt sich in halbrunden Bögen die Lehne um eine dreiteilige Sitzfläche. Diese ist wiederum jeweils nach vorne harmonisch abgerundet. Den Menschen, die sich hier treffen, sieht man an, dass das Sitzen gemütlich sein muss, denn sie wollen gar nicht mehr aufstehen. Tatsächlich ist es nicht leicht, ein Plätzchen zu ergattern. Hat man es geschafft, wird man freundlich angesprochen und kann die schönsten und skurrilsten „Gschichtla" über seinen Banknachbarn, über die Zeit, die Stadt, das Neue und das Alte erfahren. Kein Geringerer als Joseph Saint-Pierre, bekannt als Baumeister des Opernhauses, hat die kleine Barockkirche entworfen. Aber nicht nur Bayreuther, auch Touristen werden mit Insider-Kenntnissen versorgt. Man wird auf die Bierliesl, hoch oben auf dem Giebel des gegenüberliegenden Hauses, hingewiesen, in dem im 17. Jahrhundert eine Bäckerei mit Brau- und Schankrecht ansässig war. Gibt man sich etwas Mühe, erkennt man, dass die hübsche Steinfigur Bierkrüge stemmt. Eine Besonderheit: Es handelt sich nicht um ein fränkisches Mädchen, sondern um eine waschechte Münchner Kellnerin.

Zum Glücksort wird dieses Holzbänkchen, wenn man den Bratwurstduft aus einem der herrlich roten Bratwursthäuschen schnuppert, einem das Wasser im Mund zusammenläuft … und man sich zehn Minuten später den Senf von den Lippen leckt.

Wieder gestärkt, kann man das dreistöckige, reich verzierte Haus auf der anderen Seite betrachten. Schöne Giebelfenster und ein gusseiserner Zaun auf dem Dach lassen einen von Paris, dem Quartier Latin und warmen Nächten träumen.

Hat man das Glück und sitzt zur richtigen Uhrzeit auf der Bank, ruft einen die Glocke zur „Besinnung fünf nach fünf" in die Spitalkirche.

🔘 **Spitalkirche, Maximilianstraße 64, 95444 Bayreuth**
🔘 **ÖPNV: Bus 305, 306, 307, 315, Haltestelle Hohenzollernring**

Da kocht das Blut

 44 *Kultur im Becher Bräu*

Manchen Orten sieht man nicht an, dass sie die große Welt zu Gast haben. Und manche Orte bräuchten die große Welt gar nicht, nehmen sie aber mit. Dieses gekonnte Understatement steht der Becher Bräu, der ältesten Brauereigaststätte Bayreuths, ausgezeichnet!

Die Altstädter lieben „ihr Wirtshaus" für sein köstliches Bier, sein leckeres fränkisches Essen und vor allem für seine echte Gemütlichkeit. Hier trifft man sich, hier kann man einfach zu Hause sein. Viele Stammgäste setzen gleich im Eingangsbereich ein sichtbares Zeichen ihrer Verbundenheit zum Becher Bräu: In einem offenen Regal wird, mit einem Schloss versehen, jeweils der eigene Bierkrug verwahrt. Persönlicher geht es kaum.

Für alle Kulturfans jedoch führt der Weg nicht in die Wirtsstube, sondern die Treppen hinauf in den Saal. Man mag kaum glauben, dass dieses „große Wohnzimmer" gleich zum Glücksort für Ohr, Magen und Seele wird. „Vorsicht da!", ruft eine Bedienung und schiebt sich, ein Tablett in den Händen, beladen mit Blut- und Leberwürsten auf dampfendem Sauerkraut durch die Menschenmenge. Es ist „Jazz-November", organisiert vom Jazzforum Bayreuth e. V., und alle warten auf den Startrompeter aus Amerika und seine Band. Biere werden bestellt. Männer, denen ihr langes graues Haar auf die Schultern fällt, prosten zwei Schwarzen mit Panamahüten zu. An einfachen Holztischen sitzt man zusammen.

TIPP *Außer Jazz gibt es noch Rock und Pop, Kabarett und Theater im Saal. Hörens- und sehenswert!*

Die Stimmung steigt. Im moggelig warmen Saal brummt es wie in einem Bienenstock. Die Alten werden wieder jung, die Jungen werden noch lebendiger, man grüßt sich, man umarmt sich, Getränke werden durchgereicht. Kurz vor Beginn des Auftritts schaut der Wirt und Brauer Johnny Hacker nach dem Rechten. Alles passt, die Presse ist auch anwesend; es kann losgehen. Spot an, Licht im Saal aus, und obwohl es dunkel ist, kann man die Augen der Zuschauer leuchten sehen. Da ist er dann, der Moment der Lebensfreude und Lebenslust, als die Musiker die Bühne betreten. Applaus, die ersten Töne …

Becher Bräu e. K., St.-Nikolaus-Straße 25, 95445 Bayreuth, Tel. (09 21) 6 89 93
www.kultur-im-becher.de
ÖPNV: Bus 305, 324 Haltestelle Freiheitsplatz oder Geseeser Weg

Schreibfederstimmung

 ### 45 *Die Rollwenzelei*

„Du liebes Bayreuth, auf einem so schön gearbeiteten, so grün angestrichenen Präsentierteller von Gegend einem dargeboten – man sollte sich einbohren in dich, um nimmer heraus zu können." Was für eine Liebeserklärung! Jean Paul, die dritte große Künstlerpersönlichkeit in Bayreuth neben Markgräfin Wilhelmine und Richard Wagner, war zu Lebzeiten der bekannteste und meistgelesene Schriftsteller in Deutschland. Er wurde wie ein Popstar gefeiert. Aber nicht nur die Landschaft, sondern vor allem das Bier war einer der Gründe, weshalb Jean Paul 1804 nach Bayreuth zog. Um seiner Familie, die in der Friedrichstraße wohnte, entfliehen und in Ruhe schreiben zu können, lief er 20 Jahre lang in die Rollwenzelei, ein Wirtshaus, und wieder zurück. Er selbst nannte das: „Heute könnte gerollwenzelt werden!"

Viele Jean-Paul-Begeisterte pilgern zu dem anheimelnden Haus am Rande der Stadt, und wenn sie läuten, öffnet ihnen eine sehr freundliche und kluge Dame, Frau Gertrud Sommer, die Vorsitzende des Vereins „zur Erhaltung von Jean Pauls Einkehr- und Dichterstube". Ihr Urgroßvater hatte das Wirtshaus, das bis in die 1970er-Jahre weitergeführt wurde, 1876 gekauft.

TIPP Anrufen, hingehen und mit Frau Sommer den wunderbaren Dichter Jean Paul kennenlernen.

Auf einer Holztreppe geht es hinauf in den ersten Stock. Und da ist sie, seine Stube! Klein, einfach und dennoch atmosphärisch so dicht, als wäre Jean Paul gerade erst hinausspaziert. Die Wände mit der Eichenlaubborte, der große Schreibtisch mit der Schublade, in der er seine Zettel gesammelt hatte, das grüne Sofa, auf dem er schrieb und sich ausruhte, sowie der gusseiserne Ofen, all das befindet sich noch im Originalzustand. Man glaubt, die Wirtin Anna Dorothea Rollwenzel, die den Dichter verehrte wie keine andere und ihn aufs Beste versorgte, mit einem frisch gefüllten Bierkrug und einer Schüssel heiß dampfender Kartoffeln in die Stube treten zu sehen. Da mag er gesessen haben, die Fenster geöffnet, die Aussicht über grüne Hügel bis ins Fichtelgebirge, und hat an diesem Glücksort der Welt seine Wortkapriolen geschenkt.

Rollwenzelei, Königsallee 84, 95448 Bayreuth, Tel. (09 21) 98 02 18
www.jeanpaulstube.de
ÖPNV: Bus 302, 307, Haltestelle Rollwenzelei

Weitblick-Impressionen

 46 *Die Panorama-Terrasse im Karstadt Warenhaus*

Wer gerne den Überblick behält und dennoch das Detail liebt, hat auf Bayreuths Panorama-Terrasse genau den richtigen Ort gewählt. Der Weg dorthin beginnt unspektakulär. Wir stehen vor der Karstadt-Filiale, einem typischen Sechzigerjahre-Bau.

Eine Rolltreppe bringt uns in den 5. Stock, in dem selbst ein satter Besucher wieder Appetit bekommt, denn wir befinden uns mitten in „Le Buffet", dem Karstadt-Restaurant, schauen auf Salat- und Kuchenbuffets, riechen frisch gebratenen Speck und lesen auf den Tafeln, was die fränkische und italienische Küche zu bieten hat. Die besetzten Tische und lebhaften Unterhaltungen zeigen, dass der Bayreuther diesen Ort liebt. Ob Frühstücksbuffet, leckeres Mittagessen oder ein Stückchen Torte, es gibt immer einen Grund, hierherzukommen. Und wenn es das Panorama ist!

Durch eine große Glasfront führt der Weg nach außen auf die Terrasse. Die Aussicht ist überwältigend. Am Horizont erkennt man das hügelige Umland. Bewaldete Bergrücken der Fränkischen Schweiz und des Fichtelgebirges reihen sich so malerisch von links nach rechts, dass dem wanderbegeisterten Touristen die Beine kribbeln. Direkt vor uns schauen wir auf den ältesten Teil Bayreuths, seinen Stadtkern. Kirchtürme und die alten Schlote einer Brauerei ragen aus dem Dächermeer und den Gässchen. Zu unseren Füßen liegt die Maximilianstraße, eine großzügig angelegte Fußgängerzone, die Beschaulichkeit und Ruhe ausstrahlt. Fußgänger schlendern, Radler fahren gemütlich, und junge Leute treffen sich am Neptunbrunnen, der 1755 von Johann Gabriel Räntz geschaffen wurde. Unter Straßenschirmen kann man fränkische Brotzeiten genießen oder ein Feierabendbierchen mit Freunden trinken.

Spannend sind die Kombinationen von Alt und Modern, wie die Stadtmauer und das neue Busrondell, eine kreisrunde Konstruktion, sowie stylische Dachterrassen auf alter Bausubstanz. Erblickt man hinter dem Stadtring das Festspielhaus, spürt man die attraktive Mischung von Kultur und erholsamer Lebensfreude in dieser Stadt.

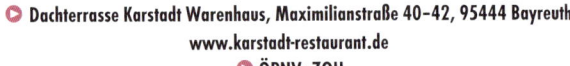

Dachterrasse Karstadt Warenhaus, Maximilianstraße 40–42, 95444 Bayreuth
www.karstadt-restaurant.de
ÖPNV: ZOH

Den Ameisen auf der Spur

 47 *Der Schlosspark Fantaisie*

Dieser Park lebt vom Spiel zwischen Enge und Weite, Raum und Fläche, Natur und Gestaltung. Hier kann man seine Seele über Hänge hinauf- und hinunterlaufen, über Felsen springen und durch Laubwälder tanzen lassen. Oder sie spiegelt sich ganz entspannt im See, der unten im Tal liegt, und erfreut sich an den dicken Karpfen.

Keine 15 Autominuten von Bayreuths Innenstadt entfernt, findet der Besucher in Donndorf eine Parkanlage, die durch eine gelungene Mischung aus Ursprünglichkeit und Gartenkunst überzeugt. 1765 zog die einzige Tochter der Markgräfin Wilhelmine und ihres Mannes Friedrich, Herzogin Elisabeth Friederike Sophie, in das Schloss Fantaisie.

Vom See aus hat man einen faszinierenden Blick nach oben über die mit Weinreben berankten Terrassen bis hoch zum Schloss. Egal, in welche Richtung man seinen Weg einschlägt, finden sich großzügige Wiesenflächen, durchzogen von künstlich angelegten Felsdurchgängen, in Stein gehauene Bänkchen und Bäume, so dick, dass man sie selbst zu zweit nicht umarmen kann. Man hört das Plätschern der Kaskaden und

 TIPP Im Schloss ist das erste Gartenkunstmuseum Deutschlands zu besichtigen.

Wasserspiele, nascht von Obstbäumen aus alter Zeit, versteckt sich kurz darauf in einem Labyrinth aus Hainbuchenhecken oder geht durch eine Landschaft, die an Märchengärten, an Zwerge und Riesen erinnert.

Und dann gibt es einen Ort, der hinter dem See und seiner kleinen Insel ganz im Verborgenen, fast schon im Wald liegt. Dort steht ein Brunnen, umwuchert von Brombeerranken, bewachsen mit weichem Moos und rau von Flechten, die den Stein in einen roten Schimmer tauchen. Dieser Brunnen ist nicht groß, aber er tut so, als wäre er eine gotische Kathedrale. Seine eingemeißelten Spitzbögen streben in die Höhe, klar, harmonisch und selbstbewusst. Es macht Freude, neben ihm Platz zu nehmen, tief durchzuatmen und den Waldameisen beim Tragen ihrer Beute zuzusehen. Vielleicht schenken uns gerade diese Momente, in denen wir nur der Natur lauschen und sie betrachten, die wahre Entschleunigung im Leben.

○ Schloss Fantaisie, Bayreuther Straße 2, 95488 Eckersdorf-Donndorf, Tel. (09 21) 7 31 40 00
www.schloesser.bayern.de
○ ÖPNV: Bus 373, 375, 396, Haltestelle Hotel Fantaisie

Sonderwünsche inbegriffen

 48 *Der Schuhmacher Jochen Schmidtner*

„Löcher zwicken kostet nichts!", schmunzelt Schuhmachermeister Jochen Schmidtner, während er gut gelaunt einen Kunden bedient. Mit Leib und Seele betreibt er seit 30 Jahren sein Geschäft in der Eysserhauspassage direkt am Markt, in dem es zugeht wie in einem Taubenschlag. Die Bayreuther wissen seine hochwertigen Reparaturarbeiten zu schätzen und tragen alles, was mit Leder zu tun hat, zu ihm und seinen zwei Kollegen. Qualität, gute Schuhe und Reparaturen, deren Spuren keiner sieht, das sind Werte, die sowohl Banker als auch Studenten oder alte Damen, die sich entschuldigen, weil sie mit ihren orthopädischen Schuhen nicht mehr so oft kommen müssen, überzeugen.

Betritt man den kleinen Laden, der gleichzeitig die Werkstatt ist, fühlt man sich sofort wohl, denn trotz aller Betriebsamkeit gibt es keine Hektik. Die Herren arbeiten konzentriert vor sich hin, während der Kunde auf einem alten Barhocker oder in einem 50er-Jahre-Sessel Platz nehmen kann. Da duftet es nach Klebstoff und Leder, nach Schuhcreme und Schleifstaub. In den Regalen leuchten Schnürsenkel in allen Farben, daneben hängen Bartschlüsselrohlinge unter alten Leisten, die an längst vergangene Handwerkerzeiten erinnern.

TIPP *Es lohnt sich und macht Spaß, mit dem Schuhmachermeister ins Gespräch zu kommen.*

Auf dieser kleinen Insel gibt es nur die Kunden und die Arbeit. Einen Computer oder ein Faxgerät sucht man vergeblich. Niemand lässt sich hier durch das Checken von Mails stressen. Die reparierten Schuhe werden in Papiertüten verpackt und mit einem farbigen Abholschein versehen. So warten sie, schön nebeneinander platziert, auf ihre Besitzer.

In diesem Meisterbetrieb werden aber auch Sonderwünsche erfüllt. Jochen Schmidtner, der sich freut, wenn er kreativ arbeiten kann, fertigte einmal einem Boulespieler eine schicke Tasche für seine Eisenkugeln an. Der war derart begeistert, dass er sich mit einer Flasche Wein bedankte. Wer in diesen Laden kommt, kann sich aber auch Messer schleifen, seine Kletterschuhe ausbessern oder ein Vorhängeschloss mit dem Namen seiner Liebsten gravieren lassen.

* * *

Jochen Schmidtner, Kanalstraße 5, 95444 Bayreuth, Tel. (09 21) 6 65 40
www.eysserhaus-passage.de
ÖPNV: ZOH

Aufstieg de luxe

49 *Der Schlossturm*

Der Schlossturm ist ein außergewöhnlicher Bau, und so steht er auch da. Im Harmoniehof, eingebettet zwischen der Schlosskirche „Unsere Liebe Frau" und dem Alten Schloss, könnte man den Eindruck gewinnen, er mache es sich dort gemütlich. Mit seinen 30 Metern Höhe, der achteckigen Form und dem großen goldenen Kreuz auf dem Dach ist er als eines der Wahrzeichen Bayreuths schon aus der Ferne zu sehen. Sein Geheimnis jedoch verbirgt er in seinem Inneren. Der Besucher, der ihn besteigen will, sucht vergeblich nach einer Treppe. Stattdessen kann er auf einer fast stufenlosen Straße gemütlich nach oben gehen. Theoretisch könnte man mit dem Auto hochfahren. Welchem Umstand ist dieser komfortable Aufstieg zu verdanken? Im Zuge des Schlossneubaus in der Innenstadt wurde 1565/1566 der Turm als Glockenturm gebaut. Das Interessante daran ist, dass unter dem Dach die markgräflichen Kornspeicher untergebracht waren, sodass die steuerpflichtigen Bauern samt Fuhrwerken ihr Getreide hochfahren mussten. Damit sich Fuhrwerke und Mensch nicht ins Gehege kamen, führte zusätzlich im Zentrum des Turmes eine Wendeltreppe hinauf. Der Besucher erfährt hier eine ganz eigene Ästhetik und Räumlichkeit, die nichts mit der Enge und Düsternis anderer Türme gemein hat. Es ist hell und geräumig.

TIPP *Die frisch renovierte Schlosskirche, zu der unser Turm seit 1960 gehört, ist einen Besuch wert.*

Sieht man nach oben, entdeckt man an der Decke ein aufwendiges Stützrippengewölbe, und schon glaubt man sich in einem Schloss. Es macht Freude, entspannt weiterzuschlendern, Steinmetzwerkzeuge an der Wand zu bewundern und sich das Schnauben der Pferde vorzustellen, die damals die Lasten hochgezogen hatten. Schön und auch ein wenig mystisch ist die Sicht durch mehrere Fensteröffnungen auf die filigran geschwungene Wendeltreppe. Das letzte Stück kann man auf ihr hochgehen und Steinmetzzeichen bestaunen, die an chinesische Schrift erinnern. Oben angekommen, darf man sich Zeit nehmen, um die Höhe und Aussicht auf die zweitürmige Stadtkirche, ebenfalls ein Wahrzeichen Bayreuths, und das Opernhaus zu genießen.

🔴 Schlosskirche, Schlossberglein 3, 95444 Bayreuth
Altes Schloss Bayreuth
🔴 ÖPNV: Bus 314, Haltestelle Sternplatz

Wo der Mühlbach rauscht

50 *Zwei Trauerweiden an der Rosenau*

So mancher Besucher, der in Bayreuth zwischen dem Mühlkanal und dem Stadtring spazieren geht, ist überrascht, wenn er auf Höhe der Lohmühle neben sich plötzlich einen riesigen Stamm, dessen Rinde an geflochtene, tiefe Falten erinnert, wahrnimmt. Sieht man nach oben in den Blättervorhang, kann man nicht erkennen, wo dieser Baum aufhört: in 25 oder erst in 30 Metern Höhe? Beeindruckend sind seine Ruhe und Kraft, verspielt sind seine Äste, die wie grünes Haar bis zum Boden hängen und sich fließend im Wind bewegen. Man muss kein Kind sein, um diese Weide berühren oder sich unter ihrem Blättermantel verstecken zu wollen. Ja, und dann kommt die zweite Überraschung: Die Weide ist nicht allein. Keine fünf Schritte von ihr entfernt, steht die zweite. Sie ist nur unwesentlich kleiner, doch ebenso runzelig ist ihr Stamm, und ebenso erhaben ist ihr Wuchs. Romantiker könnten ein Liebespaar in ihnen sehen, Familienmenschen vielleicht Mutter und Kind. Wer diesen Platz genießen und die Stärke dieser uralten Bäume erleben möchte, verweilt ein wenig, lauscht dem Rauschen das Mühlbachs, vernimmt

TIPP Neben den Weiden ist ein cooler Fitnesspark angelegt, in dem man Street Workout betreiben kann.

das Wispern der Blätter und folgt den Lichtreflexen, die das Wasser ins Laub streut. Wie schön es sein kann, solche Kraftoasen zu finden!

Am liebsten würde man nach oben in die Baumkrone klettern, um sich dort ein Baumhaus zu bauen; unentdeckt vom Rest der Welt. Was könnten die beiden Trauerweiden für Geschichten erzählen! Geschichten von den Bränden der Mühle, der Arbeit in der Loherei, auch Gerberei genannt; vom Abbau des großen Wasserrades, das später durch eine Turbine ersetzt wurde; von Menschen, die auf den Grundmauern der letzten Mühle das heutige Hotel Lohmühle erbauten und mit einem malerischen Fachwerk schmückten; vom Gang des Lebens, den vielen Sonnenaufgängen und Sonnenuntergängen.

Die Weide galt übrigens vor Jahrhunderten als magischer Baum, dem die Fähigkeit zugesprochen wurde, sich ständig zu erneuern. Wer kennt das nicht? Steckt man einen Weidenast in die Erde, dann wurzelt er.

 Rosenau, 95444 Bayreuth
 ÖPNV: Bus 302, 307, Haltestelle Oberfrankenhalle/Sportzentrum

Musik-Flow

51 *Das Richard Wagner Museum*

Die meisten Touristen, die Bayreuth besuchen, bringen diese Stadt mit dem großen Komponisten Richard Wagner, der im 19. Jahrhundert gelebt und gewirkt hat, in Verbindung. Sein Name und sein Werk stehen in der ganzen Welt für ausdrucksstarke, hoch emotionale Musikdramen. Wagner gilt bis heute als revolutionärer Erneuerer im Bereich der Oper. Ausschließlich für seine Werke ließ er am Grünen Hügel 1873 das Festspielhaus erbauen, in dem er seine Ideen von der Umsetzung seiner Werke verwirklichen konnte: Die absolute Konzentration des Zuschauers auf die Musik, die Bühne und die Handlung. Darum die einzigartige Akustik im Festspielhaus, darum das unsichtbare Orchester im Orchestergraben, damit dem Zuschauer auch ein optisches Erlebnis vermittelt wird.

Wagner ging es um das Gesamtkunstwerk. Und das kann der Besucher im Richard Wagner Museum hautnah nacherleben. Geht man im Neubau in das Untergeschoss, empfängt einen bereits eine elegant-sakrale Atmosphäre. Die Wände sind in Schwarz gehalten, und auf eine große Fläche projiziert, ziehen Fotos von den Festspielen in Schwarz-Weiß aus

TIPP Die „Interaktive Partitur" im Untergeschoss des Hauses Wahnfried besuchen und ausprobieren.

den 50er- und 60er-Jahren an einem vorbei. Aufs Wesentliche fokussiert, werden dem Besucher die Dirigentengalerie, Originalkostüme und Bühnenbilder gezeigt. Schwarz und Licht und Objekte. Sonst nichts. Eine Steigerung erfährt diese Konzentration in der Audiothek. Drei schwarze Ohrensessel, eine Holzwand im Rücken, vor sich ein Lichthof, schwarze Wände, efeubewachsen, fels- und kieselbedeckter Boden, eine große Glasfront und vor sich das Schallarchiv. Kopfhörer auf, ein Bühnenwerk und dann das Orchester und das Jahr wählen. Los geht's, und dieser Ort wird zu einem Glücksort, in dem man mit den Klängen verschmilzt, hinabtaucht in die Welt der Musik, der Dramen und der inneren Bilder. Parsifal, Siegfried, der Ring des Nibelungen ... Dieser Genuss ist hier für jeden Besucher auch ohne Festspielkarte zugänglich und erfahrbar.

⊙ Richard Wagner Museum, Richard-Wagner-Straße 48, 95444 Bayreuth, Tel. (09 21) 75 72 80
www.wagnermuseum.de
⊙ ÖPNV: Bus 302, 307, Haltestelle Wahnfried

Cosima und Silvia

52 Der Lindenhof

Im Süden der Stadt hinter der Siedlung Hohlmühle befindet sich der Lindenhof, das „Umweltschutz-Informationszentrum des Landesbundes für Vogelschutz". Es ist faszinierend, welches Leben sich auf diesem 17 Hektar großen Areal abspielt. Bedrohte Tier- und Pflanzenarten finden in einem renaturierten Feuchtbiotop mit Weihern und Wiesen Raum sowie Schutz.

Wer die Natur liebt und Freude an achtsamem Erleben hat, ist hier bestens aufgehoben. Kommt man per Rad oder zu Fuß, kann man schon am Eingang des Geländes den Alltag hinter sich lassen, denn man wird von Streuobstwiesen, die im Frühjahr in üppiger Blüte stehen, empfangen. 141 Obstbäume wurden mithilfe von Spendern gepflanzt. Lesesteinhaufen, Mäuerchen und Totholz, über die Anlage verteilt, bieten ein Paradies für Insekten. Von überall hört man Vogelgezwitscher und sieht Meisen in Nistkästen schlüpfen, die in den Bäumen oder an den Hauswänden des Hofes angebracht wurden. Auf einer Kräuterschnecke sprießen die ersten Maggikraut- und Petersilienblättchen. Daneben im Gras spitzen Wildkräuter heraus, suchen Bienen und Erdhummeln ihre Nahrung. Es summt und duftet und flattert, dass selbst der Komposthaufen vor dem Bauerngarten romantisch wirkt. Sogar aus zwei bepflanzten Wanderschuhen quillt Steinbrech. Man könnte sich im Anblick der Weidenrutenbögen oder der schäumenden Blüte der Weißdornhecken verlieren, wenn nicht Cosima und Silvia auf den Besucher warten würden. Zwei weiße Esel aus der österreichisch-ungarischen Herde, ein Gastgeschenk des Burgenlandes an Bayreuth, haben im Lindenhof ihre Heimat gefunden. Hinter der Vogelvoliere mit Bussarden, Turmfalken und Waldkäuzen trifft man auf sie. Die beiden Tiere sind so zutraulich, dass sie bis an den Zaun kommen und sich streicheln lassen. Man muss sie einfach mögen, wenn sie mit ihren dicken Backen und der Beatlesfrisur vor einem stehen. Beim Abschied nehmen manche Besucher ein echtes Puszta-Feeling mit.

TIPP Unbedingt sehenswert ist das Naturkundemuseum. Und für Kinder gibt es vielseitige Angebote.

Umweltschutz-Informationszentrum Lindenhof, Karolinenreuther Straße 58, 95448 Bayreuth, Tel. (09 21) 75 94 20, www.bayreuth.lbv.de
ÖPNV: Bus 312, 315, Haltestelle Hohlmühle

Duft in Tütchen

53 *Teekultur*

Die Kultur des Schmeckens, Riechens und Sichverwöhnens beginnt bei Petra Bock schon vor ihrem exquisiten Teefachgeschäft. Viele Besucher, aber auch Bayreuther, die durch die Richard-Wagner-Straße schlendern, bleiben stehen, schnuppern an den Probegläschen und freuen sich über die farbenfrohen Teetütchen, die auf puristischen Holzkisten aufgereiht sind: Tee der Saison, Früchtetee sowie Grüner und Schwarzer Tee, Bayreuther Schätze und Operndramen, wie „Siegfrieds Drachenblut". Angeregt durch die Aromen und fantasievollen Teenamen, zieht es selbst passionierte Kaffeetrinker hinein in den schönen Laden.

Jetzt kann man die Fachfrau Petra Bock, die zusätzlich eine Ausbildung als Tee-Sommelière hat, in ihrem Element erleben. Individuell hilft sie dem Kunden durch den Dschungel von 480 Sorten Tee, zum Teil in Bioqualität oder aus Anbaugebieten, in denen echte Raritäten wachsen. Unversehens ist man in die Welt des Geschmacks, der Düfte und der Pflanzen eingetaucht. Alle Sinne werden berührt und sensibilisiert. Man möchte bleiben und weiter schnuppern und schnuppern. Das ist wirklich ein Einkaufserlebnis!

Frau Bocks Leben ist allerdings nicht nur die Welt der Tees, sondern auch die Welt der Accessoires und Dekorationen. Kannen, Tassen, Teegeschenke und alles, was ästhetisch ist, kann der Kunde bei ihr finden. Für ihn bereist sie Messen, um immer wieder außergewöhnliche Einzelteile aufzutreiben. Darüber hinaus hat sie mit einer Grafikerin und einer Keramikerin ein Bayreuth-Geschirr entworfen und hergestellt, das besonders während der Sommer- und Festspielzeit heiß begehrt ist.

Doch auch der Kunde, der etwas Verrücktes oder Lustiges kaufen möchte, kommt bei Petra Bock voll auf seine Kosten, denn sie führt ihren Laden mit Lebensfreude und Spaß. Sie lächelt verschmitzt, sobald sie vor Crazy steht. Crazy ist ein gefilztes Etwas, das dem Vorbild einer Tiertrophäe nacheifert. Ausgestattet mit Perlenkette und riesigen Augen, glotzt es unbekümmert in den Raum. Man muss es lieben!

Teekultur Bayreuth, Richard-Wagner-Straße 24, 95444 Bayreuth, Tel. (09 21) 5 16 91 01
www.teekultur-bayreuth.de
ÖPNV: Bus 302, 307, Haltestelle Wahnfried

Durch Wald und Flur

54 *Der Siegesturm*

Der Siegesturm macht Spaß. Er ist leicht zu erreichen, liegt mitten im Wald, und der Weg dorthin ist reizvoll. Im St. Georgener Forst wurde er 1870/71 auf dem höchsten Punkt der Stadt für 1200 Mark erbaut. Die Kosten mussten von den Bayreuther Bürgern übernommen werden.

Wer auf seinem Spaziergang das Festspielhaus sehen möchte, startet an der Siegfried-Wagner-Allee. Alle anderen können gegenüber der Bürgerreuth, einem guten italienischen Restaurant, parken. Schon hier lohnt es sich zu verweilen, hat man doch eine weitläufige Aussicht auf die Judenwiese. Saftig grüne Hügel wellen sich in sanfter Abfolge hinab bis an den Stadtrand. Man möchte am liebsten losrennen, sich ins Gras legen oder wie als Kind einen Wiesenblumenstrauß pflücken. Doch weiter geht es. Der Siegesturm ruft!

An hochgewachsenen Birken vorbei kommt man in einen Eichen-Buchen-Mischwald. Auf dem Weg, der immer steiler ansteigt, tanzen Sonnenflecken, und mancher Sonntagswanderer kommt trotz des schönen Lichtspiels ins Schnaufen. Für Jogger und Mountainbiker hingegen ist die Steigung eine willkommene Herausforderung.

Auf Höhe des Wasserhochbehälters führt uns der Markgrafenweg links noch tiefer in den Wald hinein. Eine echte Entspannung für den Wanderer ist es, durch Blaubeersträucher zu streifen, die herb duften, über Wurzeln und Waldboden zu laufen, seine Sorgen zu vergessen und sich von der Kraft des Waldes anstecken zu lassen. Der Himmel schimmert blau durch die Bäume, und plötzlich sieht man am Ende des Weges den Turm. Da steht er, ganz aus hellem Sandstein und so selbstverständlich, als würde die Bergkuppe ihm schon immer gehören. Auf einem sechseckigen Sockel ruhend, erhebt er sich, rund gebaut, in die Höhe.

Die Sportlichen unter uns können es nicht erwarten, die 97 Stufen hinaufzurennen. Atemlos steht man oben, das rauschende Blättermeer unter sich, die Weite vor sich. Ganz Bayreuth und die umliegenden Ortschaften kann man sehen. Ob Bayreuther oder Tourist, hier wird jedem das Herz weit.

•••

○ **Siegesturm, 95445 Bayreuth**
○ **ÖPNV: Bus 305, Haltestelle Realschule I; Bus 329, 367, Haltestelle Am Festspielhaus,**
1,2 km Fußweg

Willkommen im Wunderland

55 *Das Puppenhaus*

Im Puppen-, Teddybären- und Miniaturenreich von Frau Inga Grüninger gibt es alles, was das Sammler- und Liebhaberherz höherschlagen lässt. Ihr renoviertes Häuschen liegt hinter der Stadtkirche in der Kämmereigasse 1 und erstreckt sich auf vier Etagen bis hinauf ins Fachwerk so entzückend, dass man es als Teil ihrer Sammlung betrachten könnte. Begeistert zeigt Frau Grüninger dem Besucher ihre Schätze, ob Miniaturmöbel, winzige Grillplatten, gedeckte Frühstückstische, nicht größer als ein Daumennagel, ob kleinste Tangoschuhe in flammendem Rot, Holzpuppenstuben aus dem Erzgebirge, mit bloßem Auge kaum zu erkennen, oder ihr Puppenparadies: Porzellankopfpuppen, Papiermaschee- und Wachspuppen, Käthe-Kruse- und Celluloid-Puppen, die Vielfalt nimmt kein Ende.

Frau Grüningers Augen leuchten, wenn sie ihren Gästen im 1. Stock die dreiräumige Puppenstube sowie Markgräfin Wilhelmine mit ihrem Mann Friedrich als 50 Zentimeter große Puppen zeigen kann. Diese wurden detailgetreu nach einem Gemälde angefertigt und prunken in Kleidungsstücken, die aus echten alten Stoffen angefertigt wurden. Spätestens jetzt spürt man, dass dieses Haus ein wahrer Glücksort ist.

Und schon geht es weiter zur nächsten Rarität. Wir begegnen der Puppe „Bild Lilli", heute ein wertvolles Sammlerstück. Sie gilt als Vorläufermodell der „Barbie" und wurde von der Firma Mattell in Deutschland entdeckt. 1964 wurden die Rechte aufgekauft, und los ging die Produktion der bis heute begehrten „Barbie".

In Frau Grüningers Puppenhaus wird nicht nur verkauft und ausgestellt, sondern auch geheilt und repariert. Sie ist eine Puppendoktorin, die aus ganz Deutschland kommende „Patienten" versorgt. Fragt man sie nach ihrer Passion, erzählt sie, dass sie als Kind Blümchen in Streichholzschachteln drapiert und damit ihre ersten Puppenbetten kreiert hat. Ihre Sammelleidenschaft pflegt sie seit über 40 Jahren. Außerdem fertigt sie auf Wunsch Puppenstubenbilder in goldenen Rahmen mit dem Konterfei von Wilhelmine und Friedrich an.

··

Das Puppenhaus, Kämmereigasse 1, 95444 Bayreuth, Tel. (09 21) 51 56 53
www.das-puppenhaus.eu
ÖPNV: Bus 314, Haltestelle Stadtkirche

Dampfross und Drahtesel

56 *Der Bahntrassen-Radweg*

Nur noch wenige Bayreuther wissen, dass man auf den Spuren der Dampflokomotive unterwegs ist, wenn man mit dem Rad von Bayreuth Richtung Hollfeld fährt. Der gut ausgebaute Weg führt auf dem ehemaligen Bahndamm in die schöne Fränkische Schweiz, ein beliebtes Wander- und Erholungsgebiet.

Wer sich für die Geschichte der Trasse interessiert, sollte sich kurz vor dem Bahnhof Bayreuth Altstadt, in dem heute das Vereinsheim der Schützengilde ist, auf Spurensuche begeben. Zwischen hohen Gräsern tauchen rostige Gleisreste auf, verschwinden, nur um an anderer Stelle wieder aufzutauchen und an der Wand eines Hauses zu enden. Beinahe fühlt man sich an Harry Potter und Gleis 9 3/4 erinnert. Neben dem Radweg wachsen in einem Schotterbett, über das früher die schweren Wagen rumpelten, Birken vor sich hin. Ebenfalls an diesem Ort lugen ein lädierter Signalmast und eine in die Jahre gekommene Laterne durch die Bäume. Ältere Bayreuther entsinnen sich gut an das durchdringende Geräusch der Dampfpfeife und erzählen wehmütig von der weithin sichtbaren Rauchsäule. Der letzte Einsatz der Dampflokomotive fand 1974 als Abschiedsfahrt statt.

Jüngere Radfahrer und Spaziergänger hingegen genießen den Weg an Bauernwiesen und Feldern entlang. Manche von ihnen lassen sich vom Anblick der Sonnenblumen zu einer Rast verführen, während der Duft nach Heu in ihrer Nase kitzelt. Noch einen tiefen Atemzug nehmen, das Gefühl von Zeitlosigkeit zulassen und einfach zufrieden sein. Wie schön das Leben sein kann!

Für neugierige Ausflügler geht es jetzt weiter, vorbei an einer 88 Meter langen Bahnsteigkante, an der früher Passagiere ein- und ausgestiegen sind, um nach Schloss Fantaisie zu kommen, bis direkt zur Ortschaft Mistelbach. Denn ihn muss man gesehen haben: den Viertelstein, einen zehn mal zehn mal sechs Meter großen Sandstein. Dieses Naturdenkmal ragt unvermittelt aus dem leicht abschüssigen Talhang. Ein Fels in der Naturbrandung, der jeden Besucher zum Anlehnen oder Erklimmen einlädt.

Bahntrassen-Radweg ab Bahnhof Altstadt, 95447 Bayreuth
www.bikemap.net
ÖPNV: Bus 305, 375, 396, Haltestelle Bahnhof-Altstadt

Ruhebilder

57 *Passage 48*

Aus ihrem Dornröschenschlaf wach küssen müsste man sie, diese Passage, die, streng genommen, ein auf beiden Seiten geöffneter Hinterhof ist. Obwohl viele Bayreuther sie als direkten Zugang vom Marktplatz zur Zentralen Omnibushaltestelle nutzen, wird sie nur selten in ihrer Schönheit wahrgenommen. Die Menschen eilen hindurch, Schüler spielen mit ihren Handys oder sind in Gedanken schon beim nächsten Bus, der sie nach Hause bringt. Dabei wurde das Ensemble, das aus drei Gebäudeteilen besteht, die wie ein eckiges U angeordnet sind, 2006 nach dreijähriger Renovierung nah am historischen Vorbild wiederhergestellt. Durch ein Portal, auf dem die Zahl 1719 zu erkennen ist, betritt man die Passage. Vorbei an den Tischchen des Cafés Rossi, das bekannt ist für seinen guten Kaffee und seine original italienische Kaffeebar aus Saronno, muss man an sonnigen Tagen fast ein wenig blinzeln, so eine Fülle von Licht scheint durch das moderne Glasdach. Jetzt darf der Besucher einen Gang herunterschalten und sich auf die wohltuende Kombination aus Sandstein, honigfarbenem Holzfachwerk und weißem Putz einlassen. Wer jetzt an den gepflegten Fassaden entlangbummelt, der beginnt Kleinigkeiten, wie runde Verzierungen, die wie Bommeln oder Glocken aussehen, zu entdecken. Ist man am Ende der Passage angelangt, sollte man sich unbedingt umdrehen und Richtung Marktplatz schauen, denn direkt über dem Eingang verläuft im ersten Obergeschoss ein Laubengang, der so einladend wirkt, dass man am liebsten selbst dort stehen möchte, um den Vorübereilenden zuzurufen: „Seht, wie schön es hier ist! Mit welcher Liebe das Alte bewahrt wurde. Wozu die Hektik? Kommt zur Ruhe und zu euch selbst!"

Der Besucher, der innehält, kann sich über die sanften Gelbtöne der Holzstreben freuen, und wenn er genau hinsieht, erkennt er den einfachen Stuck, der die Decke dieser Galerie ziert. Mit diesen Ruhebildern ist es ein Vergnügen, zurück auf den Markt zu gehen, um dort wieder das pulsierende Leben zu spüren.

●●

○ **Passage 48, Schulstraße 1, 95444 Bayreuth**
○ **ÖPNV: ZOH**

120

Knobis forever

58 *Das Plectrum*

Versierte Kneipen- und Biergartengänger, ganz gleich welcher Altersgruppe, müssen sich in Bayreuth lediglich an der schönsten und größten Kastanie der Stadt orientieren, um nichts falsch zu machen. Steht links neben dieser Kastanie ein Backsteinhaus, hört man hinter einem Holzzaun Stimmengemurmel und sieht einen bärtigen Mann mit Spaghetti bolognese oder Chili aus der Tür kommen, ist man am Ziel, der einzigen Dorfkneipe Bayreuths, dem Plectrum, angekommen.

Diese Kneipe ist legendär. Bereits im Jahr 1900 hat das Bäcker- und Bierbrauer-Ehepaar Ott in seiner Wirtschaft an Arbeiter und Handwerker zum Dämmerschoppen Bier ausgeschenkt. Nach einigen Pächterwechseln stieg der Wirt Arnold Kiesel 1986 ein und führt die Kneipe bis heute.

Hier gibt es kein Larifari und kein Tamtam. Das Event ist die Begegnung, die gute Küche, Diskussionen unter Freunden, und dass man so sein darf, wie man ist. Der eine liest Zeitung, der andere lässt lächelnd seine Bügelflasche ploppen und sieht den Tischnachbarn beim Kartenspielen zu. Im Schatten der Kastanie sitzt ein „Rolli" vom benachbarten Altersheim, der ins Gespräch kommt mit der Dame mit dem Gummiknie. Man kennt sich, tauscht sich aus, und das oft schon seit Jahrzehnten.

TIPP *Jeder muss einmal die fantastischen Knobis gegessen haben.*

Arnold Kiesel begrüßt ein paar junge Leute, die vor 20 Jahren bei ihm im Sandkasten Bagger gespielt haben. Jetzt bekommen sie ein frisches Bier eingeschenkt und einen schönen Gruß an die Eltern.

Dieser Wirt bleibt sich und seiner Kneipe treu. In der Ausschankhütte gibt es Getränke, abends leuchten die Glühbirnenlichterketten, die Biertischgarnituren sind ohne Lehnen, und wer ein bisschen Luxus möchte, hat die Wahl, auf einem Stuhl an einem der vier Tische in der Mitte des Biergartens Platz zu nehmen. Fertig – und die Gäste sind glücklich. Beim Spieleck allerdings hat Arnold Kiesel eine Ausnahme gemacht: Das wurde mit Hüpfburg und Rutsche ausgebaut.

Für Comicfans lohnt sich übrigens der Gang auf die Toilette, denn dort hängt eine komplette Folge „Asterix" an der Wand.

Gasthaus Plectrum, Moritzhöfen 29, 95447 Bayreuth, Tel. (09 21) 6 65 08
ÖPNV: Bus 306, Haltestelle Mühlhofer Stift

Ein Liebesnest

59 *Der Italienische Bau*

Seine Frau Wilhelmine war kaum ein Jahr tot, da heiratete Friedrich III., Markgraf des Fürstentums Bayreuth, die junge Sophie Caroline Marie. Für sie ließ er neben seinem Schloss ein für damalige Zeiten höchst modernes und mit feinsten Raffinessen ausgestattetes Schlösschen errichten. Ist die Fassade eher schlicht, so verblüfft es bis heute jeden Besucher, der in sein Inneres gelangt, mit dem schönsten Bayreuther Rokoko. Es muss für die beiden ein wahres Liebesnest gewesen sein, privat und intim. Sie lebte unten, in den hohen Räumen, er hatte direkt über ihr seine Bibliothek und sein Jagdzimmer. Die Bemühungen des Markgrafen liefen allerdings ins Leere, denn die Ehe blieb kinderlos.

Geblieben ist der Bau, ein echtes Juwel, das im Zentrum der Stadt, der Ludwigstraße, gelegen und mittlerweile durch einen Badetrakt mit dem Neuen Schloss verbunden ist.

Meist geht ein Raunen durch die Gruppe, wenn der Touristenführer die Tür öffnet und den Blick freilegt auf die Räume, die sich wie bunte Edelsteine aneinanderreihen: rosa, grün, lila, gelb, blau, wieder rosa und blau und grün. Man hält unwillkürlich die Luft an, schaut nach oben an die mit Blütengirlanden und Ranken verzierten Decken, bis einem der Nacken schmerzt. Oft sind es Kinder, die Schmetterlinge oder Libellen entdecken und glauben, die Blumen würden gleich nach unten fallen, so echt wirken sie. Dieser Effekt entsteht, weil sie aus Gips geformt und bis zu 50-mal mit tropischen Harzen lackiert wurden. Eine Steigerung, die man erst glaubt, wenn man sie sieht, erfährt der italienische Bau im Gartensaal. Dieser Saal nimmt die Natur mit in den Raum. Außen ist innen und innen ist außen. Durch die Höhe des Raums und die verspiegelten Fenster bekommt man das Gefühl, als würde man in den Park und in die Luft schauen.

Außerdem geht es hier richtig ab! Putten schlagen Purzelbäume, spielen mit Blüten, sind versonnen, genervt, konzentriert, schwerelos. Dieser Saal ist ein Ort, an dem man sich am liebsten ins Gras legen möchte …

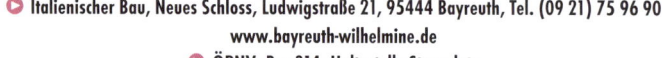

Italienischer Bau, Neues Schloss, Ludwigstraße 21, 95444 Bayreuth, Tel. (09 21) 75 96 90
www.bayreuth-wilhelmine.de
ÖPNV: Bus 314, Haltestelle Sternplatz

Ein Gläschen oder zwei

 *Lunas*

Jeder, der einen besonderen Wein, eine auserlesene Spirituose sowie andere Delikatessen für einen Abend zu zweit oder mit Freunden sucht, sollte am Lunas nicht vorübergehen. Mitten in der Fußgängerzone gelegen, verspricht schon der Eingang, der ursprünglich eine Zufahrt für Gesandte am Markgrafenhof war, Geschmack und Stil. Der Kunde geht durch ein sanft beleuchtetes Kreuzgewölbe, in dem auf beiden Seiten Holztische mit jeweils zwei Barstühlen zum ersten Probieren verlocken. Ein Gläschen Wein trinken bei Kerzenlicht, dabei die Welt Welt sein lassen – wenn das nicht Alltagsluxus ist. Betritt man die Delikatessenhandlung, findet man sich in einem mit Glasdach eingefassten Hinterhof wieder. Regale bis an die Decke, rustikale Holztische, eine Theke, in der sich Köstlichkeit an Köstlichkeit reiht, und das Licht von oben verzaubern diesen „Zwischenraum" in einen Ort, der alle Sinne anspricht.

Und da kommt er, Stefan Sattran, ein leidenschaftlicher Feinschmecker und Koch, der sich vom Obst- und Gemüsehändler hin zum Sommelier und Weinbergsbesitzer entwickelt hat. Zusammen mit zwei Freunden hat er einen 40 Jahre alten stillgelegten Weinberg übernommen, ihn gehegt und gepflegt, bis er den ersten „Hoch3" auf den Markt bringen konnte. Die Kunden wissen, dass Herr Sattran vom Fach ist. Sie kommen, um sich beraten zu lassen, wollen eine Empfehlung, einen heißen Tipp. Stefan Sattran nimmt sich gerne Zeit, plaudert mit ihnen bei einem Espresso und stellt für sie Weinsendungen zusammen nach dem Motto: Wein weltweit, verschicken europaweit.

TIPP *Einmal im Monat findet das After Work Weintasting ab 18 Uhr in lockerer Atmosphäre statt.*

Sieht man weiter im Laden umher, muss man sich in die Bernsteinfarben der Spirituosen und in ihre Namen wie „Cleopatra Amarone Oro Grappa Poli" verlieben. Man kann über den Hirsch-Rudel-Kräuterlikör schmunzeln und sich beim Granatapfel-Chili-Likör das Wasser im Mund zusammenlaufen lassen. Und die Antipasti, die Schokolade, die Gewürze, das Pesto, die Konfitüren … Dies alles macht aus Lunas einen Glücksort, der Gaumenfreude und Inspiration ist.

Lunas Delikatessen, Maximilianstraße 17, 95444 Bayreuth, Tel. (09 21) 5 30 45 77
www.lunas-weinhandel.de
ÖPNV: Bus 314, Haltestelle Sternplatz

Freizeitoasen

61 *Der Schrebergarten Exerzierplatz*

Zwischen dem botanischen Garten und dem Tierpark Röhrensee liegt im Süden der Stadt die Kleingartenanlage Exerzierplatz. Wie schon der Name sagt, handelt es sich bei dem Areal um einen ehemaligen Truppenübungsplatz. Aus der Not geboren, wurde diese Anlage nach dem Zweiten Weltkrieg in einen echten Glücksplatz umgewandelt: In 250 Kleingärten konnten Familien Obst und Gemüse für die Selbstversorgung anbauen, sich erholen, wieder gelassener und aktiv werden sowie ihre Freizeit gemeinsam gestalten.

Malerisch schmiegen sich die Gärtchen und Lauben des Gartenvereins Schwedenbrücke an den Hang, bevor man in die Anlage Exerzierplatz kommt. Jedes Gartentürchen hat eine eigene Nummer, bietet Einblick auf Badewannenhochbeete, Rosenbögen, Hollywoodschaukeln, klassische Gartenzwerge mit Schubkarre und Schaufel, auf Apfelbäume, bunte Blumenbeete im Wechsel mit Radieschen und knackigen Salatköpfen. Aber auch die Vielfalt der Lauben und deren kreative Ausgestaltung sind ein Blickfang. Ob der Hahn am Dach, Wandverzierungen, die an Jagdtrophäen erinnern, oder Fahnen mit dem fränkischen Rechen – der Fantasie sind keine Grenzen gesetzt.

Immer wieder hört man das Scharren der Rechen über Kieswege oder das Brummen eines Rasenmähers, und während man durch die Gänge, die rechtwinklig angelegt sind, schlendert, grüßen junge Frauen, die mit Taschen, Körben und Kindern fröhlich ihr kleines Paradies ansteuern. Kurz darauf grüßen Männer, ausgerüstet mit Klappstühlen und Grill. Obwohl Grundstück an Grundstück grenzt, ist es ruhig und friedlich. Fast scheint es, als bewegten sich die meisten hier achtsam und im Einklang mit der Natur. In dieser angenehmen Atmosphäre gelingt der Spagat zwischen Zusammenhalt und Distanz. Junge und Alte, Einheimische und Migranten leben hier Integration, indem sie sich über das richtige Kompostieren austauschen, Gemeinschaftsarbeit leisten oder sich in diesen Oasen für Kleintiere Zaunkönignester zeigen. Das Schönste ist, dass der Pachtzins für jeden erschwinglich ist.

· ·

◉ Kleingartenverein Exerzierplatz e.V. Bayreuth, Schwedenbrücke 25, 95447 Bayreuth
www.kgvexerzierplatzbayreuth.jimdofree.com
◉ ÖPNV: Bus 312, Haltestelle Schwedenbrücke

128

Nachts ein Seidlein Biers

 62 *Der Spitalhof*

Süßer Duft von frisch gebackenen Küchlein zieht durch den Spitalhof. Ein paar „alte Weiber", die das Gebäck aus dem Fett holen, freuen sich auf ihre Zusatzration Bier, die sie für ihre Arbeit bekommen. Das Leben im Spital war für die Kranken, Alten und Armen nicht einfach. Die Unterkunft, eine „alte, baufällige Scheuer" war zugig und kalt; Kühe versorgten die Bewohner mit Milch. Ansonsten gab es „Gelbe Ruben und ein Seidlein Biers" zum Frühstück. Und dennoch war diese Einrichtung seit dem 13./14. Jahrhundert für Bedürftige ein Zuhause, in dem sie versorgt wurden. Sieht man heute die Menschen mit ihren Einkaufstüten von der Fußgängerzone durch den Spitalhof über die Brücke in das Rotmain-Center und wieder zurück hasten, kann man den Eindruck gewinnen, dass Wohlstand nicht unbedingt glücklich macht. Dabei ist es so einfach, sich einzulassen und das Schöne zu entdecken, wie hier hinter der gleichnamigen Spitalkirche.

Spannend ist der Brunnen im Hof, vermutlich aus dem 16. Jahrhundert. Er ist nicht rund, sondern oval. Hin und wieder spitzen Kinder hinein, um zu sehen, wie tief es hinabgeht.

TIPP *Das Glöckchen suchen!* Wer jetzt nicht geradeaus zum Einkaufscenter geht, sondern nach rechts abbiegt, findet sich mit etwas Fantasie im Mittelalter wieder. Fränkisches Fachwerk und ein verzierter Sandsteintürbogen, über dem eine alte Laterne hängt, geben dem Betrachter das Gefühl, „aus der Zeit gefallen zu sein". Fast meint man die Gerüche und Geräusche von damals wahrzunehmen, das Beieinandersein und die Geselligkeit zu spüren. Tatsächlich war im Spital, das 1974 aufgelöst wurde, in den 70er-Jahren eine Studentenkneipe untergebracht.

Für geschichtsinteressierte Besucher gibt es ein Highlight, für das sie durch das schmiedeeiserne Tor am Ende des Spitalhofs zum Mühltürlein hinausgehen müssen. Einmal umdrehen, und schon kann man das Wappen, das direkt über dem Durchgang hängt, bewundern. Es befand sich genau an dem Tor der Stadtmauer, das 1895 als Letztes von drei Durchgängen abgetragen wurde.

Spitalhof, Schulstraße 1, 95444 Bayreuth
ÖPNV: ZOH

Wie im Paradies

 63 *Das Hoheitengärtlein*

Einer der entzückendsten Orte in der Bayreuther Innenstadt ist das Hoheitengärtlein, das ursprünglich als geheimer Garten, durch Mauern abgegrenzt und nicht einsehbar, Markgräfin Wilhelmines kleines Reich war. Sie konnte diesen Privatgarten vom Nordflügel des Neuen Schlosses aus, in dem sie wohnte, begehen. Dort wurden seltene und kostbare Blumen gepflanzt oder in Töpfen gezogen und aufgestellt.

Heute ist der Garten für jeden durch ein Tor in der hohen Sandsteinmauer begehbar. Kaum eingetreten, erliegt man dem Zauber dieser Anlage. Südländisch warm und familiär einladend, kann man nicht anders als umherwandeln, sich an den Blumenbeeten freuen, in denen keine Farbe fehlt, oder die exotischen Pflanzen und Kräuter bestaunen, die direkt an der Rückseite des Schlosses wachsen. Artischocken, Bananenstauden und Auberginen – alle gedeihen sie hier prächtig. Setzt der Besucher seinen Rundgang fort, wird er von den Aromen des Lavendels, Rosmarins und Thymians begleitet. An diesem Glücksort darf man sich an die sonnenwarme Mauer lehnen, vom letzten oder nächsten Urlaub träumen oder Pläne, frisch inspiriert, für das eigene Gartenbeet schmieden. Besonders in der Mittagszeit und den frühen Abendstunden erholen sich hier viele Bayreuther, die diesen Garten lieben und zu schätzen wissen. Dabei sieht man sie oft genüsslich ihre „Broadwörschd im Labla" essen.

TIPP *Am besten gleich den Hofgarten und das Neue Schloss besuchen.*

An diesem geschützten Fleckchen Erde macht es auch Freude, die Jahreszeiten zu erleben. Besonders schön anzusehen sind im Frühjahr die eingerollten Bananenblätter und jungen Kräutertriebe, während im Herbst so mancher Besucher um die Apfelbäume schleicht, um sich eine rote, verführerisch glänzende Frucht zu pflücken.

Dieser Ort der Ruhe und Anmut muss auch Wilhelmine als Auszeit im alltäglichen Trubel des Hoflebens gutgetan haben. Sicher ist, dass die Markgräfin, die über die Erscheinung der Bayreuther Bürger entsetzt war – „Alle hatten Kinderschreck-Visagen" –, sich hier zur Versöhnung ein kleines Paradies geschaffen hat.

○ Hoheitengärtlein, Neues Schloss, Ludwigstraße 21, 95444 Bayreuth
www.schloesser.bayern.de
○ ÖPNV: Bus 314, Haltestelle Stadthalle

Prost, cheers, santé

 64 *Maisels Bier-Erlebnis-Welt*

Schon vor zirka 10.000 Jahren entdeckten die Ägypter, als sie in ihre blubbernden Getreidebreischüsselchen sahen, das schmackhafte Phänomen der Gärung und haben das Ergebnis wohl auch genossen. Bis heute entwickelt sich das Bierbrauen auf der ganzen Welt weiter. In Bayreuth, das im sogenannten Bierfranken liegt, findet man das größte Biermuseum: Maisels Bier-Erlebnis-Welt. Nicht nur Biertrinker stehen vor der imposanten Backsteinfassade des Brauhauses der Gebrüder Maisel, in dem bis in die 70er-Jahre gebraut wurde, und bestaunen das Anwesen. Jeder, der sich für die Aufbruchzeit der Industrialisierung, für historische Brauanlagen oder für ein authentisches Museum interessiert, kann in den Originalräumen der Brauerei Geschichte erleben. Zwei Brüder hatten sich ans Werk gemacht und 1887 mit viel Geld, Mut und den neuen technischen Möglichkeiten eine Exportbrauerei aufgebaut. Diese Aufbruchstimmung spürt der Besucher sofort, sobald er den ersten Raum, das Maschinenhaus, betritt. Zwei mächtige Dampfmaschinen mit Rädern, so groß, dass man sich wie ein Zwerg fühlt, glänzen um die Wette. Die Schönheit sowie die Ästhetik der Formen und des Materials vermitteln dem Betrachter das Gefühl von Vollkommenheit. Fast meint man, zischende Arbeitsgeräusche zu hören, und glaubt zu sehen, wie die Maschinen ruckeln und losstampfen.

TIPP *Je nach Laune einen Gang durch die Katakomben wagen oder ins Restaurant Liebesbier gehen.*

Eine Freude für die Sinne sind auch das Sudhaus mit den spiegelblanken Kupferkesseln, in denen man sich herrlich verzerrt betrachten kann, und die Hopfenkammer mit ihren Wohlgerüchen nach gemütlichen Wohnstuben und Holzdielen. Von der Decke hängen die Hopfengirlanden wie fülliges Haar fast bis zum Boden. Hier möchte man bleiben, auf eine gute Brotzeit warten und auf einen Krug Bier.

Der Clou des Museums aber, neben vielen anderen Sehenswürdigkeiten, ist für manche Besucher die Reinigungsbürstenmaschine für Fässer. Betrachtet man diese Maschine, glaubt man Zeuge eines beinahe zärtlichen Vorgangs zu sein. Da mögen sich zwei: die Bürste und das Fass!

🔴 **Maisels Bier-Erlebnis-Welt, Andreas-Maisel-Weg 1, 95445 Bayreuth, Tel. (09 21) 40 12 34**
www.biererlebniswelt.de
🔴 **ÖPNV: Bus 306, Haltestelle Bier-Erlebnis-Welt**

 134

Lust auf Dschungel?

 65 *Der Botanische Garten*

Wer möchte nicht einmal in drei Stunden um die Welt reisen, durch Asiens, Amerikas und Europas Landschaften streifen? Wer von uns hätte nicht bei ungemütlichem Schneeregen Lust, in 30 Grad warmer Luft unter surfbrettgroßen Bananenstaudenblättern hindurchzuspazieren? Das alles ist möglich: in einer Einrichtung der Universität Bayreuth, dem Ökologisch-Botanischen Garten, der 1978 gegründet wurde. Er beherbergt 12.000 Pflanzenarten und zieht jährlich 70.000 Besucher in seinen Bann. Gleich im Eingangsbereich wird man von den architektonisch reizvollen Gewächshäusern begrüßt. In ihnen findet man über 3000 Pflanzenarten der Tropen und Subtropen. Sobald sich die erste Glastüre öffnet, tritt man in einen Garten Eden, atmet süße Luft, wird von Orangen- und Zitronenbäumen empfangen, deren Äste sich unter den reifen Früchten biegen, riecht den Eukalyptusduft des Fieberbaumes und bestaunt Wurzeln, die aus Stämmen wachsen. Außergewöhnlich präsentiert sich das Gewächshaus für Pflanzen tropischer Hochgebirge. Man kann seine Nase an der Glaswand platt drücken, die Pflanzen bestaunen, die in einem ganz eigenartigen Licht wachsen, aber eintreten darf man nicht. Diese Nachbildung einer exotischen Hochgebirgslandschaft ist einzigartig auf der ganzen Welt und lockt viele Interessierte an.

TIPP Jeden ersten Sonntag im Monat um 10 Uhr findet eine Führung zu einem bestimmten Thema statt.

Weiter geht es in das Tropenwaldhaus, einen Dschungelort. Der Duft würziger Erde, das Klatschen von Tropfen auf feuchte Kieswege, Orchideen, die auf Augenhöhe blühen – das alles versetzt den Besucher in eine andere Welt. Er kann sich an der goldenen Frucht der Unsterblichkeit, dem Rosenapfel, erfreuen, genauso wie am Brotfruchtbaum, der Papaya, dem Thai-Ingwer. Bäume, groß wie alte Eichen, pressen sich in schwindelerregender Höhe gegen das Glasdach, als wollten sie es emporheben. Eine Bank, die von Buddhas „Baum der Erkenntnis", einer Pappelfeige, umsäumt wird, lädt zum Entspannen ein. Kurz vor 16 Uhr ruft ein Herr: „Wir schließen in zehn Minuten!" Diese zehn Minuten schenken uns eine kostbare Zeit.

○ **Ökologisch-Botanischer Garten, Universitätsstraße 30, 95447 Bayreuth,**
Tel. (09 21) 55 29 61
www.obg.uni-bayreuth.de/de/index.html
○ **ÖPNV: Bus 304, 306, 316, Haltestelle Universitätsverwaltung**

Unikate

66 *Trendfabrik*

In der Von-Römer-Straße, einer der lebendigsten und malerischsten Straßen des Gassenviertels in der Bayreuther Innenstadt, gibt es neben Lokalen und Geschäften einen Laden, der durch sein Konzept „Nichts von der Stange" auffällt. Die Inhaberin Tanja Brenes Palomo begrüßt zusammen mit „Lady", ihrem kleinen Hund, jede Besucherin herzlich und berät sie fachkundig bei der Auswahl einer Tasche, neuer Schuhe oder eines poppigen Anzugs. Hier kann sich jede Kundin sicher sein, dass sie ein ausgefallenes und hochwertiges Einzelstück erwirbt.

„Stellen Sie sich vor, Sie gehen in die Stadt, und jeder rennt in der gleichen Hose oder Jacke herum!" Das uniforme Einkleiden hat Frau Brenes Palomo gestört. Und so hat sie sich einen Traum erfüllt, Nägel mit Köpfen gemacht und ihre Trendfabrik eröffnet. Ihre Kundinnen stellt sie mit individuellen Stücken zufrieden, indem sie regelmäßig nach München zur Messe fährt und „ihren Italiener" kontaktiert, der sie mit Bildern neuer Modelle versorgt, die sie wiederum bei Facebook weitergibt. Es ist eine ständige Suche, ein Austausch, ein Am-Puls-der-Zeit-Sein.

TIPP *Frau Brenes Palomo entwirft Kleidungsstücke, die die Schneiderin aus dem Nachbarhaus näht.*

Aber auch der Laden selbst ist mehr als ein Kleidergeschäft, er ist ein Verwöhnort, liebevoll dekoriert mit Plüschkissen und goldenen Paillettenherzen, mit Bilderrähmchen und Spiegeln. In diesem Ambiente toppt Tanja Brenes Palomo die Freude, indem sie ihren Kundinnen an einer weißen Bar oder durch alte Holzbalken einen Espresso reicht. Schöne Dinge probieren, sich austauschen, gesehen werden und sich einfach gut fühlen, das sind kleine Momente der Vollkommenheit.

Die eigentliche Überraschung allerdings findet die Kundin in den hinteren Räumen, denn hier steht sie vor dem ersten Dampfbackofen Bayreuths, der 1911 in der Bäckerei Schmelz seinen Betrieb aufnahm. Frau Brenes Palomo hat ihn freilegen lassen, und darum bestaunen wir heute anstelle von Brot Schuhe in der Backröhre. Gleich nebenan in der Umkleidekabine kann man die alte Feuerung und die riesigen Ausmaße des Ofens noch gut erkennen.

> ● Trendfabrik, Von-Römer-Straße 14, 95444 Bayreuth, Tel. (09 21) 33 93 09 29
> ● ÖPNV: Bus 309, 310, 312, Haltestelle Hohenzollernring

Genusskultur

67 *Wirtshaus Redemann*

Würde man einen Stammgast im Redemann fragen, was das Wesentliche im Leben ist, könnte man zur Antwort bekommen: „Ein Platz am Tisch neben dem Kaminofen, gute Gesellschaft und eine Mahlzeit, zubereitet von Christina Redemann". Vermutlich findet man auch niemanden, der dem widerspricht, denn hier in Oberpreuschwitz, einem Stadtteil von Bayreuth, wird Wirtshauskultur im wahrsten Sinne des Wortes gelebt. Der Gast trifft auf ein junges Wirtspaar, Christina und Stefan, unterstützt von Schwester Theresa und Onkel Heinrich, das aus Leidenschaft und Überzeugung gewachsene Traditionen bewahrt sowie mit selbst gemachten und regionalen Produkten überzeugt. Schon beim Eintreten in die Gaststube fühlt sich alles richtig an. Eine wunderbare Mischung aus Lachen und Gesprächen, dem Duft nach Kräutern und Gebratenem und der urgemütlichen Atmosphäre einer Stube aus längst vergangenen Zeiten, heißt jeden Gast willkommen. Hat man sich ein Plätzchen auf einer der gepolsterten Eckbänke ergattert, am besten mit Blick auf den heimelig flackernden Ofen, dann ist das Glück fast schon perfekt. Jetzt fehlt nur

TIPP *Im Biergarten vor dem Haus, unter einem ungewöhnlich großen Ahorn, schmeckt es genauso gut.*

noch die Entscheidung: Welche von Christinas Köstlichkeiten wird heute probiert? Ein medium gebratenes T-Bone-Steak oder doch lieber ein Schweinekotelett oder ...? Und dann kommt er, der Moment, der einem das Wasser im Mund zusammenlaufen lässt. Freudig lächelnd, balanciert der Wirt Stefan Ködel zwei große Holzbretter, beladen mit Lammkoteletts, den berühmten Bratkartoffeln und selbst gemachter Kräuterbutter, an den Tisch. Egal, was man wählt, man kann sich sicher sein, dass das Fleisch von höchster Güte ist, denn Christinas Onkel, Heinrich Redemann, hält seit seiner Jugend Weidelämmer, die sich auf saftigen Wiesen und Bergen in Hummeltal runde Bäuche anfressen. Man hat das Gefühl, dass sich die ganze Wirtsfamilie, einschließlich Oma Katharina, die das Wirtshaus seit 1960 mit ihrem Mann betrieben hat, über jeden Gast freut, der genussvoll den ersten Bissen zum Mund führt.

● Gasthaus Redemann, Preuschwitzer Straße 154, 95445 Bayreuth, Tel. (09 21) 3 14 90
● ÖPNV: Bus 307, Haltestelle Oberpreuschwitz Mitte

Schwerter zu Pflugscharen

68 *Rodersberger Schützengräben*

Das Sprichwort „Gras über etwas wachsen lassen" sagt, dass wir eine Angelegenheit lieber vergessen wollen. Wachsen dicke Thymiankissen, Orchideen, Disteln, Wicken im schönsten Weiß und Lila, Brombeeren und Erdbeeren zwischen wildem Majoran und Kerbel, dann könnte es sich um ein Vorkommnis handeln, bei dem es mehr als gut ist, wenn man die Erinnerung daran loslässt. Die Rodersberger Schützengräben im Nordosten der Stadt, hoch über dem Talkessel gelegen, wurden vermutlich in der Zeit des Ersten Weltkriegs als Übungsgelände angelegt. Noch immer sieht man Wälle und die dahinterliegenden Gräben, die sich auf einer 5,6 ha großen Fläche verteilen. Die Natur hat gesiegt und sich die Landschaft mit ihren vielleicht schmerzlichen Erinnerungen zurückerobert.

Heute kommen Botaniker, Naturfreunde und Wanderer, um auf diesem einzigen großflächigen Magerrasen im Gebiet der Stadt Bayreuth die seltensten Pflanzen und Tiere zu erkunden. Der Weg dorthin führt an einem Golfplatz vorbei. Immer wieder tritt man auf die gelben oder weißen Köpfchen von Golfbällen, die wie kleine Pflastersteine aus dem Erdboden ragen.

TIPP Ein wirklich romantischer Anblick ist es, wenn eine Schafherde über den Magerrasen zieht.

Hat man den Rasen schließlich erreicht, kommt man aus dem Staunen nicht mehr heraus. Was hat diese reiche Vielfalt mit „mager" zu tun? Birnbäume, die Früchte tragen, üppiges Rosengebüsch, Weißdornbäume, so groß, wie man sie selten sieht, und Haselsträucher, die sich in Hecken und Grüppchen mit Schlehen, Kirschen und Elsbeeren abwechseln. Hier darf man sich ganz gelöst einen Platz mitten im Herzen der Natur suchen. Je länger man schaut und horcht, desto mehr gibt es zu entdecken. Eine Wildbiene, die Nektar aus den Kleeblüten saugt, und da eine Langfühlerschrecke und dort das hochsommerliche „Singen" der Grillen. Sitzt man zu lange, kann es passieren, dass rote Ameisen die Waden des Wanderers erobern. Dafür wird man mit einem einmaligen Blick auf die Stadt Bayreuth und das Umland belohnt. Und schon mancher hat bei so viel Schönheit tatsächlich die Schützengräben vergessen.

🔴 Schützengräben, Rodersberg, 95448 Bayreuth
🔴 ÖPNV: Bus 301, Haltestelle Laineck Mitte

Fantasie ohne Grenzen

69 *Richard-Wagner-Straße 8*

Manche von uns sind Jäger, manche Sammler, einige wenige sind Künstler. Der Bayreuther Axel Raum ist dies alles. Und das aus Leidenschaft! Zusammen mit seiner Frau Ingrid lebt er in einem stattlichen Haus in der Innenstadt. Auf den ersten Blick verrät der Ort nicht die Schätze, die sich dort verbergen. An der Frontseite ist nur eine goldfarbene Turmspitze vor einem der Fenster zu sehen. Biegt der Besucher aber zwischen Haus und Bratwursthütte ein, fällt ihm das erste Kunstwerk auf: eine dreitürmige Installation mit Drehelementen, die das Dach dieser Hütte ziert. Schon mancher glaubte, es handle sich um eine besonders schöne Entlüftungsanlage.

An einer Galerie von kuriosen Bratwurstsprüchen entlang wird man in einen Hinterhof geführt. Dort darf man sich von Kunst an den Wänden, leuchtend bunten Glasröhren, unterschiedlich angeordnet, von einem alten Kanaldeckel neben dem Hauseingang, stolz wie das Wappen einer adligen Familie, verzaubern lassen. Wohin der Besucher sich auch wendet, begegnen ihm fantasievolle Formen und Materialien. Er kann an bunten Metallstreifen nach oben schauen und große Isolatoren aus der Bayreuther Spinnerei, die aus der Wand ragen, bewundern. Im ersten Stock schmücken Wörter wie Schabernack, Reißbrett und Anmut, die einfach schön oder vom Aussterben bedroht sind, gedruckt auf Holzläden, die Fenster.

Das Lieblingsobjekt von Frau Raum steht hinter einem Tor. Es sind neun große Glaskugeln, mundgeblasen aus dem Fichtelgebirge, versenkt und angeordnet in einem rostigen Rahmen. Senkrecht stehende rote Glasstäbe: „Die Flamingos", ein geschweißtes Schiff, eine romantische Laterne … Kunst und Ästhetik, wohin man sich wendet. Die Krönung von Axel Raums Kunstobjekten ist das Windspiel. Auf drei Ebenen drehen sich Schöpflöffel aus den 50er-Jahren, waagrecht an einer Achse angebracht, im Wind. Der Betrachter wird unwillkürlich von einer spielerischen Leichtigkeit erfasst. „Man darf sich nicht gewöhnen", sagt Herr Raum mit strahlenden Augen und macht weiter.

🔴 **Richard-Wagner-Straße 8, 95444 Bayreuth**
🔴 **ÖPNV: Bus 314, Haltestelle Sternplatz**

Erholung pur

70 *Der Röhrensee*

Feierabendstimmung am Röhrensee. Wie flüssiges Gold spiegelt sich die untergehende Sonne im Wasser. Enten, Möwen, Kormorane spielen mit den Lichtreflexen, lassen sie tanzen und um die Wette glitzern. Rennt ein Hund zu nahe ans Seeufer, steigen Schwärme von Vögeln in die Luft, ziehen ihre Kreise, nur um kurz darauf an einer anderen Stelle zu landen. Was für ein Schauspiel! Der Röhrensee, der von Einheimischen wie von Touristen als Erholungsoase geliebt wird, liegt südlich der Innenstadt. Er ist Teil einer Parkanlage mit Tiergehegen und eines generationsübergreifenden Spielplatzes. Der Besucher kann über 31 Tierarten bestaunen: dicke Ziegen, die den Kindern aus der Hand fressen, elegante Flamingos, Kängurus, Lamas und besondere Vogelarten.

Weiter geht es mit einer Bootsfahrt, die für verliebte Pärchen unter romantischen Hängeweiden endet oder für Übermütige an der großen Wasserfontäne. Wer Lust auf Sport hat, kann sich an den Trimm-dich-Geräten ausprobieren, in der Abenteuerspielanlage austoben und dann seinen Kindern beim Planschen auf dem fantasievoll angelegten Wasserspielplatz zusehen.

Für Jogger, ältere Herren und Damen, Hundebesitzer und alle, die sich ein wenig bewegen wollen, lohnt sich eine Runde um den See. Vorbei an den Bootshäusern, einem nostalgischen Kiosk mit Gärtchen, in dem der Besucher im Sommer Kaffee und Gebäck genießen kann, an majestätischen Bäumen, drei fest installierten Liegestühlen, die zum Entspannen einladen, bis zu den beiden filigranen Brückchen, die in jeweils herrlichem Blau ihren Bogen schlagen.

Seinen Namen hat der See von den Holzröhren, die im 17. Jahrhundert im Wasser gelagert und für die Leitung benötigt wurden, die die Brunnen in der Innenstadt speiste. In der Vergangenheit wurde der See auch als Fischweiher genutzt. Wenn im September abgefischt wurde, konnten die Bayreuther den frischen Fisch direkt vor Ort kaufen. Heute überwiegen der Freizeitwert, die Freude am Zusammensein, am Grün, am Wasser und an den Tieren.

••

Röhrenseepark, Pottensteiner Straße, 95447 Bayreuth
ÖPNV: Bus 312, Haltestelle Röhrensee

146

Ankommen und Mensch sein

71 *Die Ordenskirche*

Bummelt man im Stadtteil St. Georgen durch die Hauptstraße, fallen einem die Ruhe und Klarheit auf, welche die im barocken Stil gebauten Häuser ausstrahlen. Diese Gleichheit ist nicht zufällig. Hat sich doch Markgraf Georg Wilhelm eine eigene Stadt bauen lassen, in die er von Anfang an die Kirche miteinbezog. Aus schönen Sandsteinquadern errichtet, hebt sie sich von ihrer Umgebung durch die Größe und den Platz ab, auf dem sie steht. Mit ihren Portalsäulen und den hohen Fenstern empfängt sie uns so freundlich, dass wir eintreten müssen. Hat man die Holztür geöffnet, zieht einen dieser Ort sofort in seinen Bann. Der Besucher erlebt einen Zentralraum, der durch die Doppelempore, die helle, mit ausdrucksstarken Bildern geschmückte Decke und die ungewöhnlich angeordneten Bankreihen – man sitzt sich gegenüber – wie ein Festsaal wirkt.

Der Geruch und das Knarren von Holz, die echten Kerzen in den Lüstern und der hellgraue Steinboden laden uns ein zu bleiben. Nach ein paar tiefen Atemzügen spürt man eine wohlige Mischung aus Gelassenheit und Zuhausesein. Die Alltagsgeräusche draußen werden leiser, und das Sonnenlicht lässt Staubkörnchen tanzen, die nach oben steigen. Dabei fällt unser Blick auf bunte ovale Tafeln, die an der ersten Empore nebeneinanderhängen. Was hat es damit auf sich?

Markgraf Georg Wilhelm hatte den Orden der Aufrichtigkeit „ordre de la sincérité" gegründet und die Kirche als Versammlungsort bestimmt. Die Ritter des Ordens trafen sich jährlich immer am 23. April, dem Georgstag. Dieser Tag war 1711 auch das Datum der Kirchweihe, die noch heute in St. Georgen gefeiert wird. Als Zeichen ihrer Zugehörigkeit mussten die Ritter ihre Wappen in der Ordenskirche anbringen lassen. Diesem Umstand verdankt die Ordenskirche, die ursprünglich Sophienkirche hieß, ihren Namen.

Verlassen wir die Kirche wieder und treten in das helle Tageslicht, leuchten aus Kopfsteinpflasterritzen Hunderte von Löwenzahnblüten, die uns zu einer abschließenden Kirchenumrundung verlocken.

Ordenskirche, St. Georgen 50, 96448 Bayreuth
www.ordenskirche.de
ÖPNV: Bus 301, 321, Haltestelle Ordenskirche

Knusper, knusper, Knäuschen

72 *Hansls Holzofenpizzeria*

Direkt am schönen Jean-Paul-Platz, ganz hinten in der alten Postei, glüht jeden Tag und jeden Abend ein schneeweißer Pizzaofen. Gewölbt wie ein Iglu, nimmt er ein Viertel des Lokals ein. Hier wird seit 25 Jahren eine Pizza gebacken, die ihresgleichen sucht.

Inspiriert von Urlauben in Südtirol, hat es der Gründer „Hansl" gewagt, eine echte Holzofenpizzeria in Bayreuth zu eröffnen. Bis heute locken die gute Qualität, aber auch das besondere Ambiente die Gäste in die behagliche „Wohnküche". Schon vor dem Lokal, wenn man durch den historischen Torbogen geht, lassen einem die Düfte nach krossem Teig und geschmolzenem Käse das Wasser im Mund zusammenlaufen. Und dann ist man drin! Drei Tische, Barhocker, hohe Eckbänke und ein Tresen, hinter dem es spannender zugeht als in jeder Kochshow: Reihen von Teigkugeln, die abgewogen und immer wieder geknetet werden, eine Pizzateig-Ausrollmaschine, mit der es möglich ist, den Teig hauchdünn auszuwalzen, und eine Palette von Behältern, in denen sich die köstlichsten Zutaten befinden. Mehlstaub liegt in der Luft, Bestellungen werden mit Magneten erst auf der Arbeitsfläche, dann am

TIPP *Die große Pizza ist die schönste kulinarische Herausforderung, der man sich stellen kann.*

Ofen befestigt. Alles läuft wie am Schnürchen, die Stimmung ist gut. Wer wahres Glück erleben will, muss sich an den Tresen setzen. Weiter geht es, wenn das Personal mit tanzenden Händen liebevoll den Teig belegt. Bisweilen gibt es kuriose Kombinationen, da bei Hansl die „Pizza individuell" sehr beliebt ist. Und schon kommt der Koch und Inhaber Ulrich Weber mit einer selbst gebauten Bäckerschaufel, um die Pizza in den Ofen zu schieben. Glühendes Buchenholz sorgt für gleichbleibende Temperatur, einen unglaublich knusprigen Rand und für ein wohliges „Gleich-gibt's-was-zu-essen-Gefühl". Schmeckt es dem Gast, freut sich Ulrich Weber. „So, wie es ist, ist es gut!", sagt er und ist von seinem Konzept überzeugt. Der beste Beweis sind seine Gäste, die in der Stube zusammenrücken, mit den Tischnachbarn ins Gespräch kommen und dabei ihre Pizza oder den Salat genießen.

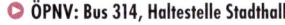

 Hansls Holzofenpizzeria, Friedrichstraße 15, 95444 Bayreuth, Tel. (09 21) 5 43 44
www.hansls-holzofenpizzeria.de
 ÖPNV: Bus 314, Haltestelle Stadthalle

Ein erhabener Platz

 73 *Das Schlossberglein*

Bayreuth ist eine Stadt, in der es viele Kleinode zu entdecken gibt. Eines davon liegt versteckt in einem Seitengässchen der Fußgängerzone. Kommt der Besucher von unten über die Schlossterrassen, beeindrucken seine erhabene Lage und Schönheit sofort. Wie eine kleine Piazza, die über den Sehenswürdigkeiten der Stadt schwebt, bietet das Schlossberglein den Gästen der Schlosskirche Platz für Gespräche, den Touristen einen freien Blick auf das Opernhaus und den Eiligen eine kultivierte Abkürzung zum La-Spezia-Platz.

Doch nicht nur der einmalige Genuss, das Weltkulturerbe auf Augenhöhe betrachten zu können, sondern auch die außergewöhnliche Gestaltung dieses Ortes locken interessierte und Ruhe suchende Menschen an.

In dem der Innenstadt zugewandten Teil grüßt uns inmitten von Blumenrabatten eine Bronzebüste der Markgräfin Wilhelmine, die recht entspannt das Treiben in der Opernstraße hinter sich lässt. Geht der Besucher ein paar Schritte weiter, steht er vor etwas ganz Besonderem: dem „Mariengärtlein". Zwischen Rosen und Lavendel wächst ein Feigenbaum, der Früchte trägt, auf dem nächsten Abschnitt steht ein Granatapfelbaum, der im Juli in den kräftigsten Orangetönen blüht, und gleich daneben fühlt sich ein Olivenbaum wohl, der mit einer heimischen Sauerkirsche in bester Harmonie lebt. Im Frühjahr finden sich hier viele Bayreuther ein, um die übermannshohen Madonnenlilien mit ihrem frischen pudrigen Duft zu beschnuppern und zu bewundern.

TIPP An einer Führung von Frau Zöller teilnehmen und die Symbolik der Pflanzen kennenlernen.

Diese exotische und zugleich christliche Oase wurde im Rahmen der Landesgartenschau als eine von zwölf Stationen auf dem „Weg der Besinnung" angelegt. Die Idee hatte Frau Barbara Zöller, die das Bild „Paradiesgärtlein", das sie im Gartenkunstmuseum gesehen hatte, nicht mehr aus dem Kopf bekam. Die zentralen Elemente sind Pflanzen, die symbolhaft für die Mutter Gottes stehen, und ein Brunnen als Quelle allen Lebens. Der Ort: hinter der Schlosskirche, auch „Meine liebe Frau" genannt, in der die Traubenmadonna steht. Besser geht es nicht!

● **Das Schlossberglein, 95444 Bayreuth**
● **ÖPNV: Bus 302, 304, 307, Haltestelle Opernplatz; Bus 314, Haltestelle Sternplatz**

Der Geschmack von Natur

 74 *Hollerbusch*

Im Oberfränkischen gibt es ein altes Kinderlied: „Ringel, Ringel, Reihe, sind wir Kinder dreie, sitzen unterm Hollerbusch, machen alle husch, husch, husch." Der Hollerbusch ist der Holunder, ein Strauch, von dem die Griechen, Römer und Germanen glaubten, in ihm würden gute Geister wohnen. Beinahe meint man, etwas von diesen guten Geistern zu spüren, wenn man die Tür des Bioladens öffnet, den es seit 34 Jahren am Luitpoldplatz, dem Tor zur Bayreuther Innenstadt, gibt.

Ob Stammkunde oder Neuling, jeder wird von Björn Blank, dem Eigentümer, oder seinen Mitarbeiterinnen herzlich begrüßt. Dass die Kunden nicht nur umfassend beraten und nach ihren Vorlieben versorgt werden, ist für Björn Blank und sein Team selbstverständlich.

Zur Mittagszeit wandelt sich der kleine Laden in einen wahren Seelenhafen. Wohlgerüche führen zu Wohlbehagen. Hungrige Gäste stehen an, um sich das vegetarische Tagesgericht aus einem großen Topf schöpfen zu lassen. Die Begrenztheit des Raumes schafft Vertrautheit. Löffel klappern, es wird gelacht, und schnell ist man Teil der großen „Hollerbuschfamilie".

 TIPP Zweimal in der Woche bietet der Hollerbusch einen Lieferservice für seine Kunden an. „Wer einmal bei uns gegessen hat, kommt immer wieder", freut sich Björn Blank mit Blick auf die leeren Töpfe. Doch in den Hollerbusch kommen die Kunden nicht nur zum Essen und Einkaufen, der Laden ist auch ein Ort, an dem achtsam und bewusst miteinander umgegangen wird.

Wer hier ein frisches Brot, Obst oder Gemüse kauft, kann sich auf die regionale Herkunft und die Qualität der Ware verlassen. Hat sich die appetitliche Behaglichkeit der Mittagsküche verzogen, führen der Duft von Äpfeln, Champignons und frischen Kräutern die Sinne bis hin zu den aromatischen Käsen in der gläsernen Kühltheke. Aber nicht nur die Nase, auch das Auge wird verwöhnt. Da sieht man Gurken, klein und warzig, wie die Natur sie erschaffen hat, da leuchten dicke Bündel mit roten Radieschenköpfen aus Holzkisten, und neben dem Eingang funkeln Weinflaschen von rubinrot bis turmalingrün.

Wie einfach es sein kann, gut zu leben!

Hollerbusch Naturwaren Blank, Luitpoldplatz 16, 95444 Bayreuth, Tel. (09 21) 8 19 11
www.hollerbuschbayreuth.wordpress.com
ÖPNV: Bus 302, 303, 305, Haltestelle Luitpoldplatz

Scottish Bayreuth

 75 *Der Golfplatz*

Schottland, das Land der grünen Hügel, der Seen und ausgedehnten Wiesen. Schottland, das Land der rauen Winde, der Highlands und der schönen Küsten. Den Reiz dieser Landschaft kann man als Besucher des Golfplatzes in Bayreuth erleben. Nah am Stadtkern und doch über den Dächern der Stadt bietet die Anlage mit „Links-Course-Charakter", die den ursprünglichen Plätzen in Großbritannien, der Wiege des Golfsports, nachempfunden ist, allen Mitgliedern, aber auch Gästen Spielvergnügen auf hohem Niveau. Ein „Linksland" ist ursprünglich eine Dünenlandschaft, die als nutzlos angesehen wurde, da man darauf nichts anbauen konnte. Dieses Land wurde freigegeben, und so entstanden die ersten Golfplätze. Typisch dafür sind das naturbelassene Gelände, Sandkuhlen, die sogenannten Bunker, Bachläufe und ein hohes „Rough", das Raue, zwischen den einzelnen Bahnen.

Bewegt man sich über Bayreuths 27-Loch-Anlage, wird man vom sportlichen Geist der Spieler und der hohen Spielkultur angesteckt. Leistungen werden gewürdigt, man achtet aufeinander und begegnet sich freundlich.

TIPP *Ausprobieren und hin zur 9-Loch-Anlage. Hier darf jeder spielen.*

Es herrscht eine familiäre Atmosphäre, obwohl durch die gute Anbindung an die A 9 viele Pendler den Platz nutzen. Besonders am Abend ist es ein Genuss, auf den „Sonnenterrassen Bayreuths" zu spielen. Auf Spielbahn 16, dem höchsten Punkt der Anlage, hat man die beste Aussicht hinunter ins Tal. Dann ist die Stadt wie in flüssiges Gold getaucht, und die verschiedenen Grüns, von denen man in der Fachsprache sagt: „Man liest das Grün", um zu wissen, wie der Schlag ausgeführt werden muss, leuchten, als hätte sie gerade der Regen gereinigt.

Ältere Damen rollen entspannt mit ihren Golfbags zur nächsten Bahn, Studenten wählen ihren Golfschläger für den richtigen Schlag und nehmen es sportlich, wenn der Ball im „Rough" landet, das in Bayreuth besonders hoch und damit eine echte Herausforderung ist.

Hier kribbelt es selbst dem Laien in den Fingern, einmal den Golfschläger zu schwingen und den Ball im Loch zu versenken.

⊙ **Golf-Club Bayreuth e. V., Rodersberg 43, 95448 Bayreuth, Tel. (09 21) 97 07 04**
www.golfeninbayreuth.de
⊙ **ÖPNV: Bus 301, 369, Haltestelle Laineck Mitte, ca. 1 km Fußweg**

Rosensirup im Weckglas

 76 *Auf der Theta*

Der Oberfranke ist ein echter Genießer, und das lebt er auch. Leicht fällt ihm das „Auf der Theta", einem alten Bauernhof, nördlich von Bayreuth und gut mit dem Rad oder dem Auto zu erreichen. Besonders im Sommer trifft man hier fast jeden, da auch Studenten, Touristen, Festspielteilnehmende sowie -besucher den Weg auf die Anhöhe Hochtheta finden, um sich in einem der schönsten Biergärten im Landkreis an einem fränkischen Schäufele oder einer deftigen Brotzeit mit einem Seidla Bier zu erfreuen. Die Wirtin, Frau Samia Sultan, lässt das Bier nach eigener Rezeptur von einer benachbarten Brauerei brauen.

Obwohl das Wirtshaus, das aus einem ehemaligen Stall und zwei Scheunen besteht, immer gut besucht ist, findet der Gast eine unaufgeregte Atmosphäre vor. Das mag an dem schönen Hof liegen, der von Frau Sultan und ihrem Mann 1997 erworben und drei Jahre lang liebevoll renoviert wurde; vielleicht auch an den Birn- und Walnussbäumen, den prächtigen Kletterrosen, die in allen Farben die Sandsteinmauern emporwachsen, oder an den Kräutertöpfchen, die auf den Simsen stehen.

TIPP Bei schlechtem Wetter sitzt man in der Wirtsstube, dem ehemaligen Stall, gemütlich beisammen.

Weckgläser, in denen Holunder- und Rosensirup angesetzt wird, schimmern appetitlich im Licht, und Schwalben, die ihr Nest in der Scheune haben, fliegen dem Personal am Ausschank dicht am Kopf vorbei. Es gibt viele Gründe, sich hier wohlzufühlen. Vielleicht ist es auch die Überzeugtheit und Ruhe, mit der die Wirtin ihre Gäste versorgt. Ob Saft, Wurst, Kuchen, das Meiste wird selbst gemacht. Das Konzept überzeugt mit dem „anderen Gericht" wie Gyros oder Hähnchen mit Couscous, einem Burgertag, an dem ein ganzes Lamm durch den Wolf gedreht und mit hauseigener Soße und eingelegtem Gemüse 50-mal über den Tresen ging und zu einem Event wurde, sowie mit der „schwarzen Küche", aus der Flammkuchen und gegrillter Fisch über offenem Feuer zubereitet werden. Das wissen auch die Gäste zu honorieren, und Frau Sultan strahlt, wenn ein 80-jähriger Herr ihr nach Jahren das „Du" anbietet.

Auf der Theta, Hochtheta 6, 95463 Bindlach, Tel. (0 92 08) 6 53 61
ÖPNV: Bus 305, Haltestelle Hohe Warte, 3,5 km Fußweg

Lego für Große

77 Der Stadtteil St. Georgen

Die Entstehung St. Georgens ist dem ausgeprägten Spieltrieb des Markgrafen Georg Wilhelm zu verdanken. Nachdem er wie vernarrt in das Inszenieren und Führen von Seeschlachten war, mal in der Rolle eines Piraten, mal in der Verkleidung eines Admirals, ließ er den Brandenburger Weiher zu einem See ausbauen. Dort hörte man dann Kanonenfeuer und sah tatsächlich Schiffe aufeinander zusteuern, die sich gegenseitig befeuerten. Und weil das alles dem Markgrafen so gut gefiel, ließ er vor über dreihundert Jahren die „Neue Stadt zu St. Georgen am See" bauen.

Dieser Stadtteil, am nordöstlichen Rand der Innenstadt, hat trotz vieler Veränderungen seinen Charakter behalten. Eine lauschige Platanenallee führt den Besucher hinauf zur Straße St. Georgen, die durch ein ungewöhnlich einheitliches Häuserzeilenbild überrascht. Als hätte hier einer aus riesigen Legosteinen immer wieder das gleiche Haus gebaut. Und das 24 Mal! Als Spaziergänger bestaunt man zweigeschossige Sandsteinquaderbauten mit Walmdach, je fünf Fenster in der Reihe und ein Pfeilerportal zwischen sich und dem Nachbarn. Es macht Spaß, die Straße langsam auf und ab zu gehen, denn trotz seiner Gleichheit gibt es hier viele individuelle Ecken zu erkunden. Verträumte Gärten wechseln ab mit romantischen Hinterhöfen. Früher trafen sich die Bewohner in ihren Nutzgärten, heute pflegen sie ihre fantasievollen Blumenarrangements, lassen ein zerfallenes Klavier stehen oder sind stolz auf eine von einem Künstler bemalte Hauswand. Ein bisschen gestrig ist es hier. Aber genau dieses Gefühl lässt einen eintauchen in den Stillstand der Zeit, der die Sonnenstrahlen über das Dach der barocken Ordenskirche wandern lässt und der einen vor die Götschel-Bräu führt. Alte Bayreuther erinnern sich noch an das gute Beck'n Bier und hoffen auf eine Wiedereröffnung der Wirtschaft.

Dafür ordnet Angelika Behrend vor ihrem Blumenladen sehr lebendig die Töpfchen und Schalen, und sie weiß einige spannende Geschichten über ihr St. Georgen zu erzählen.

TIPP Am Anfang der Straße die Stiftskirche mit dem schmuckvollen Deckengemälde besuchen.

St. Georgen, 95448 Bayreuth
ÖPNV: Bus 301, Haltestelle Ordenskirche

Butterkung!

78 *Bäckerei Lang*

Am südlichen Rand der Innenstadt in der verschlafenen Jean-Paul-Straße liegt ganz unauffällig die Bäckerei Lang. Und dennoch ist sie fast jedem Bayreuther bekannt. Die einen freuen sich auf die Buschenschenke, die viermal im Jahr im Innenhof der Bäckerei ausgerichtet wird. Die anderen schätzen die Qualität, die Vielfalt – hier bekommt der Kunde 60 verschiedene Brötchen und Brote! – und die Traditionspflege. Die Familie Zimmer, die in der fünften „Lang"-Generation die Backkunst ausübt, betrachtet nicht nur das Brot als Kulturgut, sondern verwöhnt ihre Kunden auch über das Jahr mit Gebäckstücken, die eine Geschichte und herrliche Namen haben: das Kretzaweckla, ein christliches Kultgebäck, das die Dreifaltigkeit symbolisiert, das Anislabla oder die Neujahrsmänner. Hat ein Kunde ein besonderes Anliegen, wie einen Kuchen für ein Mädchen mit einer seltenen Allergie, so wird dieser Wunsch erfüllt.

„Wir freuen uns, wenn wir unsere Kundschaft glücklich machen können, ob es mit einem Designerbrötchen oder einem Osterzopf ist." Herr Zimmer, der ein leidenschaftlicher Bäcker ist, teilt diese Berufung mit seiner Frau, die er als ausgebildete Bäckerin kennenlernte. Was folgte, war eine Herzenssache: Auch er entschied sich für das Bäckerhandwerk und lebt heute bewusst die Einheit von Beruf und Privatem. Es wird zusammen aufgestanden, in die Backstube gegangen und selbstbestimmt gearbeitet. Man geht auf die Arbeit und bleibt Familie. „Das gibt Flügel", freut sich Herr Zimmer, und diese Kraft wiederum spürt der Kunde.

Besonders erlebbar wird diese Haltung, wenn die Buschenschenke mit tatkräftiger Unterstützung der Oma, der Tochter und des Schwiegersohns stattfindet. Nach einem Rezept des Großvaters wird das würzige Beckenbier gebraut, dazu gibt es ein typisch fränkisches Gericht, leckere Brotzeiten und am Samstag sogar Livemusik. Gefühlt findet sich halb Bayreuth in diesem romantischen Innenhof zusammen. Kurz vor Schluss ertönt der Ruf „Butterkung". Und den muss man probieren!

Bäckerei-Konditorei Lang, Jean-Paul-Straße 7, 95444 Bayreuth, Tel. (09 21) 6 44 08
www.baeckerei-lang.de
ÖPNV: Bus 314, Haltestelle Stadthalle

Geschichte im Hinterhof

79 *Das historische Museum*

Unmittelbar hinter der Stadtkirche findet der Besucher, der sich für die Geschichte Bayreuths und seine Umgebung interessiert, das Historische Museum, das nach der Renovierung 1996 in die alte Lateinschule einziehen konnte. Heraus kam eine harmonische Verbindung aus Altem und Modernem. Unter grauen Holzbalkendecken und auf goldbraunen Dielenböden gibt es vom Mittelalter bis zur Neuzeit für jeden etwas zu entdecken. Sehr unterhaltsam ist die Abteilung „Sport, Geselligkeit und Vergnügen" im 19. Jahrhundert. Man mag sich nicht vorstellen, wie sich die Damen und Herren auf den Schlitten, den verbogenen Eislaufkufen oder den Hochrädern gefühlt haben.

Ist man kulturgesättigt, lockt bei gutem Wetter der begrünte Hinterhof den Museumsbesucher in die Sonne. Wie wohltuend ist es, sich der Ruhe und Abgeschiedenheit zu überlassen und auf einer der Steinbänke Platz zu nehmen! Im Schatten der Robinien ragt eine etwa vier Meter hohe Säule empor. Sie wirkt fast einsam und will sich nicht so recht in das Ensemble aus den anderen Steinfiguren einfügen. Wir treffen auf eine lebensgroße Faunin, auf Pan mit seiner Schalmei sowie ein Blumenpodest mit Widderköpfen. Wunderschön gearbeitet von Johann Gabriel Räntz, standen die Figuren bis zum Ende des 18. Jahrhunderts im Park der Eremitage. Wie gut, dass sich auch die Parkmoden ändern und die Statuen ausgemustert wurden, um schließlich im Museumshof ihre neue Heimat zu finden.

Wer sich jetzt Zeit nimmt und die Touristen am Tor des Hofes vorübergehen lässt, darf sich noch einmal auf die im Licht schimmernde Säule einlassen. Sie hat eine besondere Geschichte, und das kann man spüren. Einst trug sie zusammen mit drei weiteren Säulen den Portikus des prächtigsten Anwesens in Bayreuth, dem Reitzenstein-Palais, das 1761 von Carl Philipp Gontard erbaut wurde. Im Zweiten Weltkrieg durch einen Bombenangriff zerstört, blieb nur sie erhalten und wurde in Sicherheit gebracht. Es ist ein befriedendes Gefühl, sie so aufrecht und stolz stehen zu sehen.

Historisches Museum, Kirchplatz 4, 95444 Bayreuth, Tel. (09 21) 76 40 10
www.bayreuth-tourismus.de/sehenswertes/museen/historisches-museum/
ÖPNV: Bus 314, Haltestelle Stadtkirche

Rendezvous mit den Dinos

80 *Der Durchgang*

Mitten in der Innenstadt zwischen Kanzlei- und Ludwigstraße verbirgt sich ein Geheimnis. Und wie es sich für Geheimnisse gehört, liegt auch dieses im Verborgenen. Seinen ganz besonderen Charme zeigt es dem Besucher, wenn dieser es von der Kanzleistraße aus entdeckt. Auf Höhe der Stadtkirche findet er ein säulenflankiertes Tor mit der Nummer IV, das zur Regierung von Oberfranken führt. Durch ein schönes Kreuzgewölbe geht es hinein in einen Hof, in dem Autos vor der wuchtigen Stadtmauer parken. Bei diesem Anblick wird man schon ein wenig neugierig und spürt, dass einen jeder Schritt der Vergangenheit näherbringt. Es geht weiter an der mächtigen Mauer entlang, bis eine lichtdurchflutete Pforte den Touristen durch den zwei Meter dicken Wall führt. Sofort zaubert es einem ein Lächeln ins Gesicht, denn vor uns liegt ein verwunschener Garten. Rabatten mit Lavendel und Rosen, ein Duft, der an den letzten Südfrankreichurlaub erinnert. Mäuerchen, Säulen, Kugeln und geschwungene Steineinfassungen lenken das Auge auf eine Wiese mit hohen Säuleneichen. An vier Stellen führen Treppen hinab in das satte Grün. Bis auf das Vogelgezwitscher herrscht eine besinnliche Ruhe. Laub raschelt leise auf den bemoosten Pflastersteinen, die an der Stadtmauer entlangführen. Eine Katze springt einem Blatt hinterher, läuft an einem Gartenhäuschen mit Spalier vorbei und verschwindet im Gras. Und da sieht man sie! Schon mancher Tourist traute seinen Augen nicht: Zwei lebensgroße Dinosaurier stehen wie selbstverständlich zwischen zwei Bäumen in diesem Märchengarten. Es empfiehlt sich, auf einer der Bänke Platz zu nehmen, mit kindlicher Freude diese Tiere zu bestaunen und ein wenig ins Erdmittelalter abzuschweifen. Eichelhäher mit ihrem typischen Ruf holen uns wieder in die Gegenwart zurück. Der Besucher kann hier übrigens eine typische Bayreuther Eigenart kennenlernen: Besucht man dieses Gärtchen in der Mittagspause, so wird man von den dort arbeitenden Beamten mit „Mahlzeit" begrüßt.

· ·

▶ Kanzleistraße 7 bzw. Ludwigstraße 20 (Regierung von Oberfranken), 95444 Bayreuth
▶ ÖPNV: Bus 306, 314, 315, Haltestelle Stadtkirche

Bibliografische Informationen der Deutschen Nationalbibliothek
Die Deutsche Nationalbibliothek verzeichnet diese Publikation in der Deutschen Nationalbibliografie;
detaillierte bibliografische Daten sind im Internet über http://dnb.d-nb.de abrufbar.

© 2020 Droste Verlag GmbH, Düsseldorf
Konzeption/Satz: Droste Verlag, Düsseldorf
Einbandgestaltung und Illustrationen: Britta Rungwerth, Düsseldorf, unter Verwendung von Bildern von
© Fotolia.com: jd – photodesign.de; © iStock: Plociennik Robert
Fotos: Christine Ponnath

MIX
Papier aus verantwor-
tungsvollen Quellen
FSC® C011279
www.fsc.org

Druck und Bindung: LUC GmbH, Greven
ISBN 978-3-7700-2201-4

www.drosteverlag.de